Storms erste große Liebe

Theodor Storm und Bertha von Buchan in Gedichten und Dokumenten

Herausgegeben und erläutert von Gerd Eversberg

Westholsteinische Verlagsanstalt Boyens & Co.

Editionen aus dem Storm-Haus 8
Umschlag: Bertha von Buchan (1826–1903). Kinderbild;
Miniatur von E. Kister, Mai 1833

ISBN 3-8042-0762-6

Herstellung: Westholsteinische Verlagsdruckerei Boyens & Co., Heide
Printed in Germany

Inhalt

Theodor Storms erste große Liebe 7
Gedichte 30
Liebesweh 30
Logogryph 31
Des Kindes Gebet 32
Des Kindes Träne 32
Lockenköpfchen 33
Es blühet an Stromes Rande 35
Morgensonne 35
An – 35
Möwe und Herz 36
Es glänzt im dunkeln Laube 36
Der Räuberhauptmann 37
Noch einmal, liebe Sonne 38
Heimwärts? 38
Blüten rauschen, Lieder klingen 39
Walpurgisnacht 40
Das Böse meiden 41
Ein Schutzengel 41
Zusammen Bub und Mädchen 42
Die Ruhestörerin 42
Widmung 43
Wie, noch immer in den braunen 44
In der Fremde 45
Fragen 45
Auf Wiedersehn! 46
Ich weiß eine schöne Blume 46
Ständchen 47
Rätsel („Was schaun die Reckenbilder rings“) 47
Rätsel („Tochter der Erde“) 48
Nach frohen Stunden 48
Abends 49

Sonntagsfrühe 50
Hüben, Drüben 51
Was ist ein Kuß? 52
All meine Lieder will ich 52
Schweig stille mein Herze! 52
Was man wohl öfters fragen könnte 53
Goldriepel 53
Morgenwanderung 55
Polterabendszene 56
Schlußlied 61
Weihnachtsgruß 62
Zwei Lieder 64
Und wenn ich von dir, du süße Gestalt 65
Und als das Kind geboren ward 66
Meine Maid 67
„Lebwohl!“ 68
Auf Münkeberg 68
Sind deine Lippen auch nicht mein 69
Nicht bin ich stark 69
Sie haben gestern 69
Ein einzig Glück 70
Das süße Lächeln starb dir im Gesicht 70
Schlummerlied 70
Im Nebenzimmer saßen ich und du 71
Repos d’amour 71
„Und blieb dein Aug’“ 72
Du bist so jung 73
So muß mich alles, alles mahnen 73
Das war ein Ton verklungner Freude! 73
Damendienst 74
Ich kann dir nichts, dir gar nichts geben 74
Blumenduft vom Nachbarfenster 74
Mit Liedern 75
Die Julisonne schien auf ihre Locken 75
Liebe und Treue 75

Gesteh's, es lebt schon Einer 75
Wir saßen vor der Sonne 76
Und so laßt von dieser Stund 77
Weihnachtsabend 77
Käuzlein 79
Du weißt doch, was ein Kuß bekennt? 80
Rechenstunde 80
Lebwohl, du süße kleine Fee! 80
Es ist die Lieb' ein Wiegenlied 81
Entsündige mich! ich bin voll Schuld 81
Wer die Liebste sein verloren 81
Wolken am hohen Himmel 81
Und wie du meine Lieder 81
Ich wand ein Sträußlein Morgens früh 82
Sie brach ein Reis vom Hochzeitskranz 82
Und weißt du, warum so trübe 82
Bettlerliebe 83
Traumliebchen 83
Mit dem Liederbuche 84
Zu den Liedern 84
Letztes Blatt 85
Wilde Nacht 85
Und der er seine junge 86
Zwischenreich 87
Hans Bär 88
[Entwurf zu „Posthuma"] 98
Briefe und Notizen 101
Anhang 153
Zu den Texten 153
Verzeichnis der Siglen und Abkürzungen 156
Verzeichnis der Literatur 157
Abbildungsverzeichnis 157
Bibliographische Nachweise und Kommentar . . . 158

Für Annette

Theodor Storms erste große Liebe

Das Weihnachtsfest 1836 verlebte Storm nicht im Kreis seiner Familie, sondern bei Verwandten in Altona. Im Herbst des Vorjahres hatte er seine Heimatstadt verlassen und war nach Lübeck gegangen, um sich dort durch den Besuch des berühmten Katharineums auf sein Studium vorzubereiten; da war der Weg nach Altona weniger beschwerlich als der nach Husum. In Altona wohnte er bei Jonas Heinrich Scherff, einem Kaufmann, der mit einer Cousine von Storms Mutter[1] verheiratet war. Dort begegnete der Primaner einem kleinen Mädchen, der zehnjährigen Bertha von Buchan, die mit ihrer Pflegemutter Therese Rowohl (1782–1879) in Hamburg wohnte und ebenfalls zum Weihnachtsfest eingeladen war[2]. Therese Rowohl war die Tochter eines Hamburger Ratsdieners, in dessen kleinem Häuschen auf dem Grasbrook sie mit ihrer Schwester wohnte. Die Aufnahme der kleinen Bertha erfolgte wohl zunächst des reichlichen Kostgeldes wegen, das zur Bestreitung des Unterhalts der Schwestern beitragen mußte; später entwickelte sich ein so enges Verhältnis zur Pflegetochter, daß Therese Rowohl sich auch weiter um Bertha kümmerte, als deren Vater verarmt war. Diese Begegnung muß auf den damals 19jährigen Storm einen großen Eindruck gemacht haben, denn er begann noch am Weihnachtsmorgen damit, Gedichte in eine damals von ihm verwendete Sammelhandschrift („Meine Gedichte")[3] einzutragen, die durch seine Begegnung mit Bertha angeregt waren. Unter diesen ersten Gedichten der Bertha-Zeit befinden sich „Liebesweh", „Lockenköpfchen", „Es blühet an Stromes Rande" und „Morgensonne".

Im Herbst 1835 wechselte Storm von der Husumer Ge-

Abb. 1: Theodor Storm (1817–1888). Foto von G. F. Krauss, Stuttgart (nach einer Daguerreotypie, die Ende Dezember 1852 in Berlin aufgenommen wurde).

Abb. 2: Bertha von Buchan (1826–1903). Kinderbild; Miniatur von E. Kister, Mai 1833.

lehrtenschule auf das Katharineum in Lübeck, wo er seine Ausbildung Ostern 1837 beendete. Am 20. April immatrikulierte er sich in der Juristischen Fakultät der Christian-Albrechts-Universität in Kiel, von wo aus er zum Weihnachtsfest des Jahres 1837 nach Husum reiste.

Storm stand das ganze Jahr über mit Bertha in Briefkontakt und schickte ihr zum Fest das Märchen „Hans Bär", seine erste Prosaarbeit. Aber erst zum Osterfest des folgenden Jahres sahen sich die beiden wieder, als Storm nämlich erneut zu den Scherffs nach Altona fuhr.

Spätere Äußerungen Storms belegen[4], daß er sich bereits in dieser Zeit in die zwölfjährige Bertha verliebt hat; einige

Hamburg d. 7ten Oct. 1839.

Mein lieber Theodor. Du hast zwar versprochen mir zuerst wieder zu schreiben, indessen da Mutter Dir Dein, bei uns vergessenes, Manuscript noch zu schicken gedenkt, so benutze ich die Gelegenheit Dir ein paar freundliche Zeilen beizulegen.

Die Beantwortung Deines Briefes übergehe ich, denn der Mund ist und bleibt doch immer die beste Feder, und den haben wir ja fleißig gebraucht. Schade daß Du es bei Deiner Schrift gerade so schlecht trafst als Du hier warst, – doch weiß ich von der einen Seite nicht, ob ich es Schade nennen soll, denn wir hatten dadurch so viel mehr gut von Dir.

Abb. 3: Bertha von Buchan, Brief an Theodor Storm; Hamburg, 7. Oktober 1839.

Liebesgedichte, die er im Jahre 1839 in seine Handschrift eintrug („Bei meinen Liedern“, „Wie, noch immer in den braunen“, „Ich weiß eine schöne Blume“ und „Ständchen“), belegen dies ebenfalls.

Storm schrieb Bertha regelmäßig Briefe und legte immer wieder einige seiner Gedichte bei, so „Und als das Kind geboren ward“ (später „Frühlingslied“) zum Brief an Bertha vom 31. Januar 1841 und „Meine Maid“ (später „Junge Liebe“) zum Brief an Therese Rowohl vom 22. März 1841.

Eine weitere Begegnung hat Anfang Oktober 1839 stattgefunden, und auch im darauffolgenden Jahr verbrachte Storm die Herbstferien in Altona und Hamburg; Bertha war nun fast 15 Jahre alt, Storm hatte gerade seinen 23. Geburtstag gefeiert. Der Student war sich der Zuneigung Berthas nicht sicher und drückte ihr deshalb beim Abschied einen Zettel in die Hand mit der Bitte, ihm ihre Liebe durch das Unterstreichen bestimmter Wörter im nächsten Brief zu signalisieren. Bertha unterstrich in ihrer Antwort vom 31. Dezember die Worte „Deine Bertha“ und bestärkte dadurch in Storm die Hoffnung, daß sich neben der innigen Seelenbeziehung eine erotische Bindung entwickelt habe.

Einer der charakteristischen Wesenszüge Storms ist ein übergroßes Liebesbedürfnis[5]; seine Briefe an Freunde legen davon bis ins hohe Alter Zeugnis ab, eine Vielzahl seiner Novellen thematisiert Liebesbeziehungen. Ein Grund für diese häufige Motivwahl Storms ist sicher sein eigenes Bedürfnis nach Geborgenheit und liebender Zuwendung, das während der Kinderjahre in Husum entstand und das wohl nicht zu unrecht mit Storms enger Bindung an die früh verstorbene Schwester Lucie (1822–1829) verknüpft wird.

Die leidenschaftliche Liebe zu Bertha läßt sich auch erklären als Gegengewicht gegen die Gewalt der Sinnlich-

keit, unter der er litt[6]; davon zeugt auch die überstürzte Verlobung mit Emma Kühl von Föhr im Oktober 1837, die er aber bereits im Februar 1838 wieder löste.
Storm hat sich in zwei Briefen über diese frühe Zeit ausgesprochen; an seine Braut Constanze schrieb er am 11. Juni 1844:[7]

Wie ich je so habe handeln können, das kann ich mir jetzt nur daraus erklären, daß ich gar nicht gewußt, welche Qual verschmähte Liebe sei, denn ich wußte damals noch nichts von Liebe; es war alles damals nur heißes Blut.

Und fast dreißig Jahre später bekannte er gegenüber dem österreichischen Literaturwissenschaftler Emil Kuh (Brief vom 21. August 1873):[8]

Ich bin eine stark sinnliche, leidenschaftliche Natur; die Zurückhaltung in meinen Schriften (in den Gedichten ist sie nicht so vorhanden) beruht wohl zum Teil auf dem mir eigenen Drange nach Verinnerlichung.

Die zwischen 1837 und 1841 entstandenen Gedichte zeigen, daß Storm zunächst nur durch Berthas Kindlichkeit und frühreife Religiosität fasziniert war; nach und nach keimte eine Sinnlichkeit auf, die sich dann, weil Bertha nun auch zur Frau heranreifte, zu heftiger Liebe entwickelte. Storm bemühte sich um ein engeres Verhältnis zu Bertha, der er bisher immer nur in Gegenwart der Stiefmutter nahe sein konnte; das belegt ein Zettel, der sich im Nachlaß Bertha von Buchans erhalten hat, in den eine getrocknete Blume eingelegt ist und auf den Storm notiert hat: „Das ist eine Blume aus alter Zeit; ich hab sie aus Deiner Hand genommen, nimm sie zurück aus meiner und vertraue mir."
Zu ihrem 15. Geburtstag am 1. Februar 1841 schrieb Storm einen eindeutigen Liebesbrief, dessen Anliegen von Bertha aber nicht verstanden wurde. Sie zögerte zunächst die Antwort hinaus und schrieb schließlich an den Freund über belanglose Dinge.

Hamburg d. 31sten Dec 1840.

Lieber Theodor, glaube mir nicht, daß Deine freundliche Gabe ihren Eindruck bei mir verfehlt habe, weil ich so lange schweigen konnte, nein gewiß, ich habe große Freude an den [illegible] an Deinen Gedichten, zwar zierte es nicht meinen Weihnachtstisch, denn ich empfing die Christgeschenke erst am Abend des ersten Weihnachtstages von Tante Scherff, als einige Freunde dort versammelt waren. Deine Gaben waren mir ebenso angenehm als überraschend; ich führte Deine eigenen Geistesproducte gleich abseiten, wenn schon ich den Fabel als Allgemeingut zurück ließ. – Dich krank oder unwohl zu wissen, thut mir sehr leid, zumal in einer Zeit wo Alles sich der Freude so gern ungetrübt hingiebt; aber ich hoffe mit einiger Sicherheit du wirst mit frohem Muth und frischen Lebenskräften ins neue Jahr eingehen und so nimm denn auch von mir, am letzten Tage des entscheidenden, die herzlichsten, freundlichsten Grüße und Wünsche

Abb. 4: Bertha von Buchan, Brief an Theodor Storm; Hamburg, 31. Dezember 1840.

Und als das Kind geboren ward,
Von dem ich heute singe,
Der Winter schüttelte den Bart:
„Was sind mir das für Dinge!
Wie kommt dieß Frühlingsblümelein
In mein beschneites Haus hinein!
Potz Wunder über Wunder.“

Doch klingeling! klingt's nun im Kraut'
Da regt' sich's im Geheimen;
Schneeglöckchen hob das Köpfchen weiß,
[illegible] stand im Keimen;
Und durch die Lüfte Tag für Tag
Da ging ein süßer Lerchenschlag
Weit über Feld und Auen.

„Herr Winter, greif er nur zum Stab!
Das sind gar schlimme Dinge;
Sein weißes Kleid wird gar zu kurz,
Sein Ansehn zu geringe!
Das liebe, liebe Blümelein
Mocht' wohl des Frühlings Bote sein!
Der Frühling, ja der Frühling!“

Abb. 5: Theodor Storm, Brief an Bertha von Buchan mit dem Gedicht „Und als das Kind geboren ward“; Kiel, 31. 1. 1841.

Storm wandte sich deshalb im März 1841 an Friederike Scherff und bat sie, sein Anliegen zu unterstützen. Zugleich schrieb er an Berthas Pflegemutter mit der gleichen Bitte. Therese Rowohl aber erteilte ihm eine doppelte Abfuhr, denn Bertha hatte sich ihr anvertraut, ohne die von Storm ausdrücklich nur für sie bestimmten Zeilen für sich zu behalten. Die besorgte Pflegemutter warf Storm einen Vertrauensmißbrauch vor und gab ihm deutlich zu verstehen, daß Bertha ihrer Meinung nach noch ein Kind und damit zu jung für eine echte Liebe sei.

Im folgenden Jahr entstanden eine Reihe von Gedichten, die uns das zerrissene Innenleben des jungen Storm offenbaren (z. B. „So muß mich alles, alles mahnen" und „Das war ein Ton verklungner Freude"), der seine Werbung um Bertha noch nicht aufgab, der sich zugleich aber nicht sicher war, ob das heranwachsende Mädchen seine Neigung erwiderte.

Während der Osterferien des Jahres 1842 – Bertha war nun 16 Jahre alt und wurde konfirmiert – besuchte Storm Hamburg, ging dabei aber seinen Verwandten und Bekannten aus dem Weg. Gemeinsam mit seinem Studienfreund Guido Noodt, dem er sich anvertraut hatte, besuchte er Noodts Eltern und andere Bekannte. Durch einen Brief versuchte er, wieder Kontakt mit Bertha aufzunehmen, und besuchte den Gottesdienst in der Katharinenkirche, um Bertha zu sehen. Sie begegneten einander tatsächlich, ohne sich zu grüßen, und Bertha war später unsicher, ob sie wirklich Storm gesehen hatte (vergl. Storms tagebuchartige Aufzeichnungen vom 24. März bis 9. Mai und Berthas Brief vom 20. Oktober 1842).

Nach der Rückkehr zum Studium nach Kiel ereignete sich im Mai 1842 die große Hamburger Brandkatastrophe, von der Bertha aber nur indirekt betroffen war; Storm informierte sich brieflich bei Friederike Scherff über ihr Wohl-

ergehen und konnte beruhigende Nachrichten aus Altona empfangen.
Im Oktober desselben Jahres bereitete er sich auf sein Examen vor; er plante, nach der Prüfung nach Hamburg zu fahren und Bertha zur Heirat zu bewegen. Besonders sicher kann er sich seiner Sache zu diesem Zeitpunkt schon nicht mehr gewesen sein, wie aus einem Brief an Theodor Mommsen vom 31. Oktober 1842 hervorgeht:[9]

Der Brief von Berthas Mutter ladet mich freundlich ein, doch steht nach dem freundlichen Wilkomm der verdächtige Satz da „ich denke, Sie sollen uns Allen eine *angenehme Erinnerung* hinterlassen". – „B<ertha> dankt für Ihren lieben Brief." – Ich habe B<ertha> geschrieben, ich hoffe Weihnachten zu kommen. –

Seinen Heiratsantrag schickte er im Oktober an Bertha und legte ein Bittschreiben an die Pflegemutter bei. Am 20. Oktober 1842 lehnte Bertha den Antrag ab; ihre Begründung deckt sich mit der Argumentation von Therese Rowohl, die in einem Brief an Storm noch einmal betonte, daß Bertha in ihren Augen für eine Liebesbeziehung zu jung sei.
Storms tiefe Enttäuschung schlug sich in einigen Gedichten nieder, z. B. „Das süße Lächeln starb dir im Gesicht" (später „Begegnung") und „Ich kann dir nichts, dir gar nichts geben". Zunächst zeigen die Texte aus diesem Zeitabschnitt seine seelische Verletztheit, doch mehr und mehr gewinnt der junge Dichter wieder Kraft, sich dem Leben positiv gegenüber zu stellen (vergl. das Gedicht „Wilde Nacht").
Damit waren Storms Bemühungen um Bertha endgültig gescheitert; den Kontakt zu ihr brach er aber nicht sofort ab.
Ende 1843 – Storm lebte seit einem Jahr wieder in seiner Vaterstadt und hatte eine Anwaltspraxis begründet – erschien das „Liederbuch dreier Freude" mit ca 40 Gedichten von Storm; dreiviertel davon sind durch die Liebe zu

Bertha angeregt. Er schickte ihr ein Exemplar des Buches, in das er als Widmung das Gedicht „Abschied“ schrieb. Trotz dieses symbolischen Abschieds blieb Storms Interesse an Bertha noch rege, das belegt der Brief an Theodor Mommsen vom 2. November 1843:[10]

Gestern erhielt ich einen Brief von Scherff, worin er sich gewaltig über sein versauerndes Philisterleben und über die Vernachlässigung meiner poetischen Freunde beklagt, auf die er stark speculirt habe. Gehn’ Sie doch einmal zu ihm und erzählen ihm etwas von unserm Buch etc. etc. Zugleich hat Sch<erff> mir ein Daguerrotyp des hübschen Bildes geschickt, wo sie <Bertha> [...] als neunjähriges Mädchen gezeichnet ist.

Inzwischen war aber ein anderes Mädchen in Storms Gesichtskreis getreten, seine 18jährige Cousine Constanze Esmarch; Constanze verbrachte den Herbst in Husum, und die beiden entdeckten zum Weihnachtsfest 1843 ihre Liebe. Bereits im Januar 1844 verlobten sie sich, und Storm begann mit seiner Braut, die inzwischen nach Segeberg heimgekehrt war, eine intensive Korrespondenz.

Bertha von Buchan entstammte einem vermögenden böhmischen Adelsgeschlecht und wurde als Tochter des Kaufmanns Eduard von Buchan am 1. Februar 1826 in Rumburg (an der sächsischen Grenze) geboren. Eduard von Buchan stammte aus Böhmen und war nach vornehmer Erziehung und Reisen nach Italien und Frankreich als vermögender und erfolgreicher Geschäftsmann viele Jahre in Mexiko tätig; seine Frau war kurz nach der Geburt seiner Tochter Bertha gestorben, und der Vater brachte das Kind 1830 nach Hamburg und gab es in die Obhut von Therese Rowohl, die unverheiratet war und mit ihrer Schwester zusammenlebte. Er führte seine Geschäfte von Dresden aus, bis er einen Großteil seines Vermögens durch die Unredlichkeit seines Geschäftsteilhabers in Mexiko verlor. Danach betrieb er bis zu seinem Tode (1876) einen Kunsthandel in Dresden.

Die Pflegemutter wohnte gemeinsam mit ihrer Schwester

Jette in einfachen Verhältnissen in einem eigenen Häuschen im Hamburger Hafenbereich und deckte ihren Lebensunterhalt auch mit Hilfe des Kost- und Logisgeldes. Zwischen Pflegemutter und -tochter entwickelte sich ein so herzliches Verhältnis, daß Therese Rowohl sich auch dann noch um Bertha kümmerte, als deren Vater sein Vermögen verloren hatte. Allerdings erzog die strenggläubige Protestantin das Mädchen in recht frömmelnder Weise und band sie seelisch eng an sich, was Gründe dafür gewesen sein können, daß Bertha Storms Avancen nicht verstehen konnte oder auch nicht wollte. Berthas Briefe wirken altklug, die Formelhaftigkeit ihrer Äußerungen kann aber auch daher rühren, daß sie dem erheblich älteren Freund auf dessen anspruchsvolle Briefe noch nicht Ebenbürtiges entgegensetzen konnte.
Für Storm bot die enge seelische Beziehung zu dem phantasievollen und aufgeweckten Mädchen Gelegenheit, sein noch kaum entwickeltes poetisches Talent auf einen Punkt zu konzentrieren. Ganz offensichtlich ist Bertha für mehr als fünf Jahre die Muse des jungen Dichters gewesen, die ihn zu vielen Gedichten anregte und zu ersten Erzählversuchen anspornte. Storms späteres vernichtendes Urteil über seine frühe Lyrik, die er überdeutlich gegenüber seinen von ihm selbst für „unsterblich" gehaltenen Gedichten[11] aus der Zeit der Entstehung der Novelle „Immensee" abwertete, gilt sicherlich für die frühen Versuche im verspäteten Anakreontikstil, jedoch nicht für alle Gedichte der Bertha-Zeit.
Denn nicht erst die Liebe zu seiner Braut Constanze leitet jene Phase der Lyrikproduktion ein, die durch das Erscheinen der Separatausgabe der „Gedichte" 1852 gekrönt wurde. Storms große lyrische Sprechweise entwickelte sich allmählich[12], so daß unter den ersten Gedichten, die er für Bertha schrieb, noch manch durchschnittlicher Text zu finden ist, der an die vorausgegangene Epigonendichtung

erinnert. Aber der junge Storm gewann durch die Unmittelbarkeit, mit der er das Bertha-Erlebnis in lyrische Sprache verwandelt, zum erstenmal Distanz zur lyrischen Tradition, an der er sich geschult hatte, und vermochte es, den neuen Erfahrungen und Empfindungen in einigen Gedichten einen ganz selbständigen Ausdruck zu geben. Seiner Liebe zu Bertha fehlte zunächst die sinnliche Komponente; er „liebte" ein Kind, wie er gegenüber Friederike Scherff gestand (Brief vom März 1841), doch dies gründete zunächst wohl nur auf einer seelischen Gemeinsamkeit, die in den kurzen Phasen des Zusammenseins entstanden war und die Storm durch seine Korrespondenz vertiefen bzw. durch seine Gedichte lyrisch überhöhen wollte. Dazu gestaltete er die im Zusammensein mit Bertha erfahrenen Stimmungen und versuchte in der Tradition romantischer Poetik, Natur und Seele in Übereinstimmung zu bringen. Da ihm durch die räumliche Distanz eine Vertiefung der gemeinsamen Erfahrungen nicht möglich war, stilisierte er das Mädchen Bertha zum „Lockenköpfchen", das ihm als Phantasiegebilde jederzeit zur Verfügung stand und damit den Prozeß der Vertiefung einer Seelengemeinschaft mit dem jungen Dichter begründete. Mit hohem Aufwand an Sentiment und Gefühl schuf Storm einen Bertha-Kult, der ihm trotz räumlicher Trennung und der Unmöglichkeit einer wirklichen Beziehung emotionale Phantasien ermöglichte. Ganz ähnlich ist Storm später in seiner Verlobungszeit mit Constanze Esmarch verfahren und hat seinen emotionalen Drang auf ein stilisiertes Bild von der Geliebten projiziert, dann allerdings um vieles sinnlicher und erotisch eindeutiger.

Auffällig ist aber, daß der Student zunächst in einem kleinen, noch vorpubertären Mädchen das Objekt seiner Begierde fand. Die Liebe zu Mädchen hat Storm später häufiger literarisch gestaltet und poetisch überhöht; man hat diesen Zug des Dichters auf ein frühkindliches Erlebnis

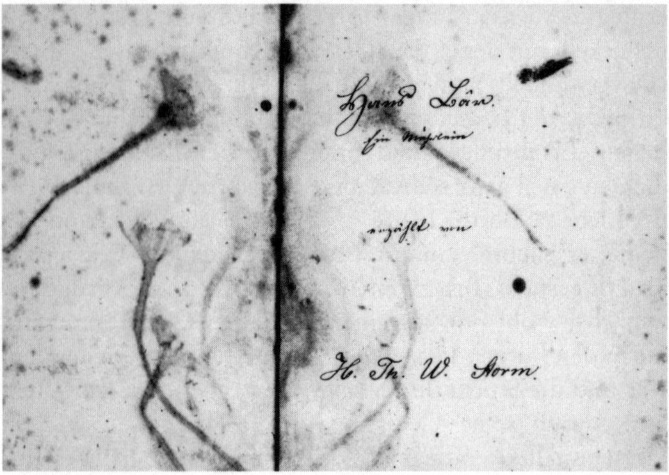

Abb. 6: Titelblatt der Handschrift „Hans Bär. Ein Mährlein erzählt von H. Th. W. Storm."

zurückführen wollen[13], das mit dem Verlust der geliebten Schwester zu tun hat und eine Art Wiederholungszwang in ihm auslöste, den er literarisch abarbeitete.

Seiner Lyrik jedoch kamen diese auf Dauer unbefriedigenden Verhältnisse zugute; um die Jahre 1840/41 entstanden bereits einige Gedichte, die Storm zehn Jahre später noch für wert achtet, in seine „endgültige" Gedichtsammlung aufgenommen zu werden. Vor allem in dem Zeitraum, als er sich Berthas Zuneigung nicht mehr sicher sein konnte und als sie seinen Heiratsantrag schließlich zurückwies, schrieb er einige Gedichte, die bereits einen recht selbständigen Ton aufweisen und die etwas von Storms späterer Meisterschaft ahnen lassen, z. B. „Lebwohl!", „Auf Münkeberg", „Du bist so jung", „Gesteh's" und „Wir saßen vor der Sonne".

Wie wichtig das Bertha-Erlebnis für sein lyrisches Schaffen geworden ist, zeigt die Statistik: Von den fast 90 Gedichten, die mit diesem Lebensabschnitt verbunden wer-

den können, hat Storm fast die Hälfte (42) zum Druck gebracht und immerhin noch 17 in seine 1852 zum erstenmal erschienenen „Gedichte“ aufgenommen.
Weniger ertragreich war dieser Lebensabschnitt für die Entwicklung des Erzählers Storm; das Märchen „Hans Bär“, seine erste erhaltene Prosaarbeit, ist ein ganz im traditionellen Stil erzähltes Märchen und kann nicht als selbständige dichterische Leistung gewertet werden. Die Entwicklung der Stormschen Erzählkunst fand deutlich später als die seiner Lyrik statt; allerdings verdient der Entwurf zur späteren Erzählung „Posthuma“ eine größere Aufmerksamkeit, als ihm bisher zuteil wurde. Die autobiographischen Zeugnisse aus dem Jahr 1842 belegen, wie sehr Storm unter der Zurückweisung seiner Liebe gelitten hat; an Theodor Mommsen schrieb er am 14. Mai 1843[14]:

Ich habe Ihnen ja kurz geschrieben, daß ich erst wohl um 6,8 Wochen nach Altona könne, und der Brief trägt gewiß keine Spuren von Verstimmung. Als ich ihn eben geschlossen, erhielt ich einen Brief von meinem Vetter Scherff aus Altona, worin er mich aus leicht ersichtlichen Ursachen und mit wirklicher Freundlichkeit bittet, meine Reise wegen des schlechten Wetters noch eine Zeit lang aufzuschieben, indem er unten hinzufügt „Rowohl und B<ertha> reisen Freitag auf 4 Wochen zu Warnstedts nach Itzehoe“. Der Brief ist in der freundlichsten Absicht so fein und so herzlich abgefaßt, und diese Reise fällt ganz in meinen Plan, und doch – in welchen Abgrund von Traurigkeit hat mich der Brief gestürzt. Warum? Ich weiß nicht; ich glaube aber, die Liebe zu diesem Kinde wird mein Leben noch schlimm verwüsten.

Daß es dazu nicht kam, hat aber nicht nur damit zu tun, daß Storm bereits im Sommer 1843 – er hatte in Husum gerade seinen Gesangverein gegründet – sein Augenmerk auf andere Mädchen richtete, Storm hat seine Enttäuschung auch seelisch abgearbeitet, er hat sich von Bertha innerlich verabschiedet. Dies wird nicht nur an einigen Gedichten aus diesem Zeitraum deutlich, sondern auch an jenen zwei Prosatexten, die er in seine Sammelhandschrift „Meine Gedichte“ eintrug und deren ersten er später für die Erzählung als Schlußteil verwendete. Der andere kürzere Text dokumentiert die Lösung von Bertha, die Storm in symbolischer Form vollzieht[15].

Ihm ist vor vielen Jahren die Braut gestorben. Er saß damals vor dem Lehnstuhl, in dem das bleiche kranke Mädchen ruhte; er sah ihr in die blauen Augen; sie waren noch die Boten ihrer Liebe; der Blick ward zur Umarmung; sie glaubten nicht an Tod und Scheiden. Sie starb in seinen Armen; er legte sie sanft zurück; er hatte keine Liebe mehr auf Erden. – Als er auftauchte aus der Nacht des Grams, da war seine Jugend vorüber. – Ihr kennt ihn alle! Er ist jetzt ein starker, *froher* Mann. Denn seine Jugend war in ihr vollendet worden; geliebt hat er nicht wieder.

Indem Storm die in seinen Liedern an Bertha begonnene Stilisierung der Geliebten hier fortsetzt und das begehrte Mädchen sterben läßt, verabschiedet er sich als Erzähler symbolisch von Bertha und gewinnt seine eigene Identität wieder, die in Gefahr war, sich in der Geliebten zu verlieren. Storm drückt auch dies darin aus, daß er von sich als einem starken, frohen Mann spricht und das Adjektiv „froh“ unterstreicht. Als weiteren Beleg dafür, daß ihm diese Verabschiedung gelungen ist, kann die Tatsache gelten, daß der Text in der Handschrift mit einem kräftigen senkrechten Strich durchgestrichen wurde. Diese Seiten der Handschrift „Meine Gedichte“ dokumentieren, daß die Zweifel und Enttäuschungen des Liebhabers einen Schreibstrom auslösten, der den jungen Autor zur Fixierung von Gedicht- und Prosaskizzen veranlaßte; hier zeigt Storm zum erstenmal seine Fähigkeit, seelische Bedrückungen mit Hilfe von Schreibvorgängen abzuarbeiten und so zur Selbstheilung beizutragen. Ein ganz ähnlicher, allerdings ungemein schwierigerer und längerer Prozeß hat ihm auch nach dem Tode von Constanze geholfen, sein seelisches Gleichgewicht wiederzufinden.
Storm war in der Lage, bereits ein Jahr nach dem „Abschied“ von Bertha darüber offen zu sprechen; an Constanze Esmarch schrieb er im Mai 1844[16]:

Ernstlich, meine Constanze, was willst Du in meinem Liederbuche lesen, wie ich früher einmal ein tiefes, starkes Gefühl unerwidert verschwendet?

Es kann Dir nicht angenehm sein, denn Du mußt fühlen, wäre dies Gefühl mir erwidert worden, es hätte nie in mir erlöschen können; ohne Gegenseitigkeit konnte es nicht bestehen. Vielleicht wäre ich daran zugrunde gegangen, wenn dies Gefühl nicht zum Objekt geworden, das ich künstlerisch zu gestalten suchte. Doch lies immerhin „nur einmal" diese Lieder im Zusammenhang, Du wirst es fühlen, daß sie Teile meines Lebens fortgeführt haben.

Später hat Storm einige der Erlebnisse aus der Zeit seiner Liebe und der darauf folgenden Trennung von Bertha zu Situationsschilderungen seiner Novelle „Immensee" verwendet. Die 1849 geschriebene Erzählung, mit der Storm seinen dichterischen Erfolg begründete, zeigt in mancherlei Motiven (so zum Beispiel in der Darstellung des Verhältnisses von Elisabeth zu ihrer Mutter) Anklänge an das Bertha-Erlebnis.
Nach der Verabschiedung von der Liebe zu Bertha war noch ein Raum geblieben, den Kontakt zu ihr und zu Therese Rowohl weiter zu pflegen, allerdings mit geringerer Intensität. Im Nachlaß von Bertha fanden sich weitere Gedichte, die Storm ihr bis nach seiner Übersiedlung nach Potsdam (1853) zugeschickt hat, darunter „Abschied", „Schleswig Holsteinische Gräber" (später: „Gräber an der Küste"), „Und schauen auch von Thurm und Thore" (später: „Im Herbst 1850"), „Neujahrstag 1851", „Ich hab ein töricht Herze" (später: „In der Emigration"), „Epilog eines Märchens" (später: „Ein Epilog") und „Schlimmes Lieben". Sie sind in diesem Band nicht abgedruckt, da sie einem anderen Abschnitt von Storms Schaffen angehören.
Später haben sich Storm und Bertha von Buchan noch einmal wiedergetroffen, und zwar im Hause der Familie Scherff; Storm schrieb darüber am 8. August 1860 an Constanze[17]:

Freitag war Friederikes Geburtstag, zu dessen Feier Bertha und Therese anhier gelangten. Meine alte Flamme sah wirklich recht hübsch und interessant aus und war auch nett und liebenswürdig gegen mich, obgleich ein Etwas in mir in ihr die fromme, selbstgerechte alte Jungfer herausfühlte. Himmel, wenn das meine Frau geworden wäre! Ich muß nun noch

Kranzwinden.

Zuſammen Bub' und Mädchen
Die wanden Kränzelein
Und flochten unverſehens
Die Herzen mit hinein.

Die Blumen alle welkten,
Die Bänder löſten ſich;
Die Herzen aber hielten
Zuſammen ewiglich.

Abb. 7: „Kranzwinden“, Gedicht von Theodor Storm. In: Volksbuch auf das Jahr 1846 für die Herzogthümer Schleswig, Holstein und Lauenburg. Altona 1845, als Kalenderspruch zum Monat Mai.

einmal zu ihnen, B. krakeelte mich gestern deshalb brieflich an. Seltsam und vielleicht natürlich, von Dir scheint sie mir auch diesmal nicht reden zu wollen.

Die enge Bindung, mit der Berthas Pflegemutter das Kind an sich gefesselt hatte, und die übertriebene Religiosität mögen Ursachen dafür gewesen sein, daß Bertha unverheiratet blieb. Nach dem Tode von Jette Rowohl zogen beide Frauen in das Oberaltenstift, ein Heim für alte Damen in Hamburg; dort starb Therese Rowohl im Jahre 1879. Bertha von Buchan lebte bis zu ihrem eigenen Tod am 31. Dezember 1903 mit einer jüngeren Freundin in diesem Heim; diese berichtete 1924 darüber[18]:

Wir nannten das alte Fräulein Therese Rowohl Tante, und sie war die Patin meiner älteren Schwester. Aber niemals ahnten wir, daß Tante Bertha eine Jugendliebe Storms gewesen sei. Und das Schicksal hat es wohlgemeint mit ihm, daß sie nicht seine Frau wurde. Niemals hätten die zwei zusammen gepaßt.

Ich mochte sie sehr gerne. Sie war ein amüsantes Menschenkind, viel älter ja als wir Schwestern, im Alter unserer Mutter nah, aber ich habe mich schon als Backfisch immer gefreut, wenn sie kam. Denn sie hatte einen Humor, der Gold wert war. Einmal las sie uns Reuter vor, „Ut de Franzosentid!" – nie hab' ich das vergessen. Ich seh noch ihr Gesicht dabei. Es war sehr stark, breit und frischfarbig. Und in den Augen saß der Humor. Ihr Körper gab dem Gesicht nichts an Fülle nach. Das ganze Aeußere das einer guten, massigen Bürgersfrau. Als Frau Storms, des feinfühligen, tiefempfindenden Dichters, hätte ich sie mir unmöglich denken können. Durchaus nicht dumm, aber absolut hausbacken – das war ihre Signatur.

In ihren kleinen Stübchen bin ich oft gewesen. Sie waren tatsächlich winzig, dazu voller Vogelkäfige. Aber tadellos gehalten. – Als ihre Mittel selbst bei ihren bescheidenen Ansprüchen und mancherlei Hilfe der Freunde nicht reichen wollten, legte sie sich auf das Backen von braunen Kuchen. Sie waren deliziös. Zergingen auf der Zunge, und man bekam nie genug von ihnen. Aber Seide hat sie bei diesem Geschäft nicht gesponnen.

Das Spinnrad einer Großtante, die in unserem Hause lebte, ging auf ihren Wunsch in ihre Hände über. Sie gehörte noch zu den alten Damen, die spinnen konnten. Es war ein ganz entzückendes Rad, als Kind meine höchste Sehnsucht. Aber die Großtante klopfte uns die Hände mit einem Lineal, wenn wir nur daran tippten. Wohin es nach Bertas Tode gekommen, weiß ich nicht. Als sie starb, war ich längst auswärts verheiratet.

Ihre Pflegemutter, das alte Fräulein Rowohl, wurde hoch in die neunzig alt. An ihrem Geburtstag versammelte sich unsere ganze Familie, Onkel, Tanten, Vettern und Kusinen in den winzigen Zimmern. Alle brachten Geschenke, meist Lebensmittel. Wurde es zu voll, mußte ein Teil gehen. Sie sagte dann: „Das ist nett, Kinder, daß ihr nochmal kommt, es wird nun wohl zum letztenmal sein." Als sie aber über neunzig war, meinte sie: „Nun sag' ich das nicht mehr vom letztenmal, ich leb' ja doch immer weiter." Ein Verwandter, ein Hauptmann, pflegte zu sagen: „Tante Rowohl? Ach Tante Rowohl, die wirft noch mit unseren Knochen Aepfel von den Bäumen." – Das machte auch auf uns Kinder einen unheimlich interessanten Eindruck.

Ich muß sagen, ich rechne es doch Berta von Buchan hoch an, daß sie nie von dieser Liebe Storms gesprochen hat. Kein Wort darüber ist je in der Familie umgegangen. Wieviele Damen können sich in alten Tagen mit den Berichten über einstige Verehrer nicht genug tun, und die Verehrung eines solchen Mannes hätte doch einen Glorienschein um sie gewoben. Ein Zeichen innerer Vornehmheit bei aller äußerlichen Hausbackenheit, dies Stillschweigen.

Storms Briefe an Bertha sowie an ihre Pflegemutter Therese Rowohl und an Friederike Scherff enthalten vor allem

familiäre Informationen, deren Wert im Biographischen liegt; an zwei Stellen allerdings wird deutlich, wie früh sich die weltanschaulichen Positionen Storms herausgebildet haben, die ihn sein ganzes Leben über bestimmt haben.
In seinem Brief an Bertha vom 31. Januar 1841 erläutert er dem 13jährigen Mädchen seine Gedanken, die ihm zur Neujahrsnacht in den Sinn gekommen waren; sie enthalten jene Elemente der Stormschen Weltanschauung, mit der er das Problem der Vergänglichkeit ohne das christliche Heilsversprechen meinte lösen zu können. Storm geht von dem Gedanken aus, daß alle Menschen sterben müssen und daß es keine jenseitige Welt gibt, auf die der Mensch hoffen kann; aber er findet Trost in der Vorstellung, daß neue Generationen kommen, daß die alte Liebe „von Geschlecht zu Geschlecht" geht und so „das Band zwischen Lebenden und Todten" bildet, „denn die Sterbenden sind die Kinder der Gestorbenen und die Eltern der Geborenen." Später wird er diese Gedanken in vielfacher Formulierung in Briefen an seine Freunde wiederholen und sie mannigfach in seinen Dichtungen als Erinnerungsmotiv variieren. Daß sie in dem erst vierundzwanzigjährigen Storm bereits eine so deutliche Ausprägung erfahren haben, belegt die an anderer Stelle ausgesprochene Vermutung[19], nach der Storms Weltanschauung durch die damals gerade aktuelle Diskussion der Thesen von linkshegelianischen Philosophen wie Strauß, Feuerbach und Bauer mit beeinflußt worden ist.
Für Storm hat die christliche Verheißung der Liebe Gottes keine Bedeutung mehr; an ihre Stelle tritt die Liebe zwischen den Menschen in ihren beiden Ausprägungen, als sorgende Liebe zwischen den Generationen und als begehrende Liebe zwischen den Geschlechtern. In ihr sieht er den Grund für ein erfülltes Leben, dessen Sinn sich in der Gemeinschaft der Liebenden und in dem Leben der Familie erfüllt; das geglückte Leben verhilft den bereits

Verstorbenen zu einem guten Andenken in der Erinnerung der noch Lebenden.
Storm ist sich ganz sicher, daß die Liebe zwischen Mann und Frau der entscheidende Bezugspunkt für einen jeden heranwachsenden Menschen wird, und so schreibt er aus tiefer Überzeugung in seinem Brief an Friederike Scherff vom 22. März 1841:

> es liegt in der Liebe die anfangende Auflösung des strengen Familienbandes zwischen Kindern und Eltern; denn nicht mehr diese sind für das Mädchen jetzt der erste Gegenstand ihrer Liebe, sondern dies ist der Mann den sie liebt. [...] – So ist es, so wird es ewig sein; so ist es in der Natur begründet, von der Philosophie anerkannt, und von der Bibel ausgesprochen. Du kennst das starke Wort: „Du sollst Vater und Mutter verlassen!“

Natürlich ließ er sich bei dieser Formulierung von dem eigenen Wunsch nach Liebe und Nähe leiten, der aus seinem großen Liebesbedürfnis erwachsen war, später aber gestaltete Storm in vielen seiner Novellen die Liebe zu kindlichen Frauen, führte seinen Lesern allerdings in der Mehrzahl Fälle vor, in denen diese Beziehungen scheitern und die Liebessehnsucht sich nicht erfüllt (z. B. in „Immensee“ oder „Aquis submersus“). Einige Gründe für die Wahl solcher Erzählmotive lassen sich auf Storms Liebe zu Bertha von Buchan zurückführen.
Die folgende Auswahl von Gedichten aus den Jahren 1837 bis 1844 enthält neben den Texten, die Storm Briefen an Bertha von Buchan beigefügt und die sich im Nachlaß Berthas erhalten haben, auch solche Gedichte, die Storm in diesem Zeitraum in seine Sammelhandschrift „Meine Gedichte“ eintrug oder die er auf andere Blätter notierte. Nur bei einem Teil läßt sich mit Hilfe von Briefen und anderen Dokumenten belegen, daß Storm sie für Bertha geschrieben hat. Einige Gedichte, die er nie für eine Veröffentlichung bestimmt hat, sind bloße Versuche, die für uns autobiographische Dokumente darstellen und die uns

über den seelischen Zustand Storms in dieser Zeit und über seine Möglichkeit, das ihn innerlich Bewegende literarisch zu verarbeiten, Auskunft geben können. Nicht in allen Fällen läßt sich ein direkter Bezug zum Bertha-Erlebnis nachweisen; wenn der Kreis der hier aufgenommenen Gedichte dennoch so weit gezogen wurde, so deshalb, um Storms lyrische Entwicklung dieses Zeitraums, die ohne Zweifel entscheidend durch sein Bertha-Erlebnis geprägt wurde, detailliert zu dokumentieren. Um zu zeigen, wie der junge Dichter nach Beendigung der Trauerarbeit um den Verlust Berthas seine ganze emotionale Energie seiner Braut Constanze Esmarch zuwandte, wurden auch einige wenige Gedichte aufgenommen, die er im ersten Jahr der Verlobungszeit seiner neuen Liebe widmete und in denen sich die Ablösung von Bertha noch deutlich spiegelt.

Anmerkungen

1 Friederike Henriette Alsen, Cousine von Storms Mutter, heiratete 1826 den Kaufmann Jonas Heinrich Scherff in Hamburg.
2 Mit dem Gedicht „Liebesweh (Nr. 81, S. 66) beginnen die auf Bertha bezogenen Einträge in der Sammelhandschrift „Meine Gedichte“ am „Weihnachtsmorgen“ 1836. Die folgenden biographischen Daten sind der früheren Literatur über Bertha von Buchan entnommen, die im Literaturverzeichnis aufgeführt sind. Zum Erwerb der Gedichte und Handschriften vergl. Karl Ernst Laage: Theodor Storm und Bertha von Buchan. In: Schleswig-Holstein 1979, H. 4, S. 14 f.
3 Die Handschrift „Meine Gedichte“, heute im Nissenhaus, Husum.
4 Vergl. den Brief Storms an Friederike Scherff vom März 1841.
5 Irmgard Röbling: Liebe und Variationen. Zu einer biographischen Konstante in Storms Prosawerk. In: Walter Schönau (Hg.): Literaturpsychologische Studien und Analysen. Amsterdam 1983, S. 9–130. (Amsterdamer Beiträge zur neueren Germanistik, Bd. 17).
6 Vergl. hierzu Karl Ernst Laage: Theodor Storm. Leben und Werk. Husum ^{6}1993, S. 17 f.
7 Theodor Storm. Briefe, hg. von Peter Goldammer. Berlin ^{2}1984, Bd 1, S. 67 f.
8 Theodor Storm. Briefe, Bd. 2, S. 71.

9 Hans-Erich Teitge (Hg.): Theodor Storms Briefwechsel mit Theodor Mommsen. Weimar 1966, S. 35.

10 Ebenda, S. 89. Was Storm damit meinte, geht aus einem vierzig Jahre später verfaßten Brief hervor, den der Dichter am 23. Dezember 1882 zwei Tage nach dem Tode seines Onkels Jonas Heinrich Scherff an seine Tochter Elsabe schrieb (zit. nach dem Original in der SHLB, Kiel):
„Ich habe durch diesen liebenswürdigen Verwandten seit meinem 18. Jahre an Gastfreundschaft und sich stets gleichbleibende, ja immer nur herzlicher werdende Freundlichkeit in Fülle genossen; ließ er mir doch in meiner grünen Studentenzeit von dem Kinderbilde der Bertha von Buchan, für die ich eine Art Phantasieliebe hatte, heimlich ein Daguerreotyp – Photographie war noch nicht erfunden – anfertigen und sandte es mir nach Kiel; ein wenig Schelmerei war übrigens bei ihm immer mit dabei."
Leider ist nicht überliefert, wer diese Daguerreotypie anfertigte; eine Verbindung mit dem Atelier des Daguerreotypisten Carl Ferdinand Stelzner in Hamburg liegt aber nahe. Stelzer war um 1824 als Miniaturist in Schleswig und Holstein tätig (u. a. in Husum), lernte in Paris die Erfindung Daguerres kennen und eröffnete 1842 in Altona ein Geschäft als Daguerreotypist.

11 Nach dem Zeugnis von Gertrud Storm (Theodor Storm. Ein Bild seines Lebens, Bd. I, S. 191) äußerte sich Storm in diesem Sinne gegenüber seinem Freund Hartmuth Brinkmann.

12 Zur Entwicklung von Storms Lyrik vergl. Dieter Lohmeier: Theodor Storms Gedichte, in LL 1, S. 744–752 sowie ders.: Das Erlebnisgedicht bei Theodor Storm. In: STSG 30 (1981), S. 9-26.
Zum neusten Forschungsstand vergl. Hartmut Pätzold: „Ein Stück andre Welt". Von der Unbrauchbarkeit des Paradigmas der „Erlebnislyrik" für die Gedichte Theodor Storms. In: STSG 43 (1994), S. 43–63.

13 Irmgard Röbling: Liebe und Variationen, S. 106.

14 Theodor Storms Briefwechsel mit Theodor Mommsen, S. 70.

15 Eingetragen um 1842/43 in die Sammelhandschrift „Meine Gedichte", S. 105. Der autobiographische Bezug dieses kleinen Seitenstücks zu dem Entwurf zu „Posthuma" ist so deutlich, daß hier durchaus von einer Identität des fiktiven jungen Mannes und des Autors gesprochen werden kann.

16 Theodor Storm. Briefe an seine Braut, hg. von Gertrud Storm. Braunschweig 1915, S. 16 f.

17 Theodor Storm. Briefe an seine Frau, hg. von Gertrud Storm. Braunschweig 1915, S. 91; von Gertrud Storm falsch (auf den 6. August) datiert.

18 Sophie Kloerß: Theodor Storms Jugendliebe. In: Der Tag Nr. 190 vom 8. August 1924 (gekürzt).

19 David Jackson: Theodor Storm. The Life and Works of a Democratic Humanitarian. New York 1992, S. 32.

Gedichte

Liebesweh

Altona

I

Der Sturm erbraust, die Wolken ziehn
Vom fernen Norden her;
Und bringen von dem Liebchen mein
Mir lang ersehnte Mär.

O, sprecht ihr luftigen Gesell'n
Habt ihr mein Lieb geschaut?
Ist sie noch treu und hold und schön
Die wundersüße Braut? –

Da fährt der Sturm so jach heran,
Und hell durch Sturmes wehn
Entströmt der Wolke Tränenflut –
Ich mag sie nicht verstehn.

II

Wie lieb ich, schöne Sonne Dich
Du helles Himmelslicht,
Dein frommer Strahl belebt mein Herz,
Wenn es vor Schmerze bricht.

Die Liebste gleicht Dir ganz genau,
Sie ist so schön wie Du;
Doch ihrer Augen Himmelslicht
Läßt nimmer mir die Ruh.

III

Durch des Winters Nebelflocken
Tönen trübe meine Lieder,
Vor des Himmels heilge Bläue
Rauscht der Wolke grau Gefieder.

Einsam steh ich da und weine –
Fern sind meine blauen Augen,
Kann nicht mehr aus meinen Sternen
Lust und frische Lieder saugen.

IV

Die Sonne fuhr gen Himmel,
Da reiste mein Liebchen fort,
Das böse Wetter nur hatte
Gehalten sie am Ort.

Wenn du die Nacht verscheuchest,
O Sonne groß und hehr,
Da fliehn zugleich die Sterne –
Schau's Liebchen nimmermehr.

Logogryph

für B.

In meinen Regionen sprießet
Nicht schlanker Lorbeer, keine Goldfrucht glüht;
Doch ist in meinen dunkeln Wäldern
Der hohen Eichen kräftig Haupt erblüht.

Nicht unter ewig milden Sternen
Rauscht durch die Nacht der Zither süßer Klang,
Durch Wettersturm und Wogenschäumen
Erklingt die Harfe und der Barden Sang.

Kopf ab! – Du mußt nach Hofe gehen;
Dort glänze ich, dort kannst du stets mich schaun,
Ich schmück fast alle großen Herren,
Doch äußerst selten nur die großen Frau'n.

Des Kindes Gebet

„Hu, wie mich friert! die Kälte
Preßt mir die Lippen zu;
Kann noch nicht zu Dir beten
Du guter Vater, Du!" –

Und als es warm geworden,
Da schlief das Kindlein ein,
Und für die schlummernde Kleine
Still beten die Engelein.

Des Kindes Träne

Das Mägdlein weint, der Knabe zerbrach
Ihr die Rose und trat sie mit Füßen;
Und was ihr die Mutter Schönes verspricht,
Die Tränen reicher und reicher fließen.

„Sei ruhig! die Blumen sprießen ja neu
Und neue Sonnen scheinen;

Mein herzig Kind, ach möchtst du stets
Nur um gebrochne Rosen weinen."

Lockenköpfchen

„Komm zu mir, mein Lockenköpfchen,
Komm zu mir und setz Dich nieder,
Hörst ja gerne, wenn ich singe
Hörst ja gern die alten Lieder!"

Und die Kleine freundlich lächelnd
Setzt auf meinen Schoß sich leise,
Und ich nehm die goldne Zither,
Spiel und sing die alte Weise:

Am grünen Teich
Der Knabe so bleich
Sang einsam seine Lieder,
Im Grunde so tief,
Die Nixe schlief,
Da weckten die Klänge sie wieder.

Hinab, hinauf!
Im Strudellauf
Zerteilen sich die Wogen;
Bei Mondeslicht
Ein bleich Gesicht
Kommt still heraufgezogen.

„Lieb' Knabe traut
Es ruft die Braut!"
Leiß hat die Nixe gesungen. –
Ein Arm so weiß,

So kalt, wie Eis
Hat bald den Knaben umschlungen.

„Wie wohl, wie warm
In deinem Arm!
Lieb Knabe, laß uns scherzen!"
Die Nixe sang;
Dem Knaben drang
Der kalte Tod zum Herzen.

„Nun was sagt mein kleines Liebchen?
Doch Du schweigst ja ganz erschrocken.
Graut Dich so vor alten Märchen,
Daß Dir Zung' und Pulse stocken?" –

Und mit ihren zarten Armen
Hält sie fester mich umschlungen:
„Wie so böse Lieder singst Du,
Wie so traurig hats geklungen!"

„Du, Du bist der bleiche Knabe,
Und Du singst die bleichen Lieder:
Und die kalte Nixe rauschet
In den Wogen auf und nieder.

Auch sie streckt nach Dir die Arme
Will ans kalte Herz Dich drücken!" –
Ängstlich schweigt mein Lockenköpfchen,
Schaut mich an mit feuchten Blicken.

Und ich küss' die Purpurlippen,
Drück ans Herz sie leise, leise;
Greife tändelnd in die Saiten,
Und beginn die frohe Weise:

„Lockenköpfchen ist die Nixe,
Und sie hält mich fest umschlungen,
Und dem armen, bleichen Knaben
Ist das Herze fast zersprungen.“

Es blühet an Stromes Rande
Die Blume in sel’ger Pracht.
Es glänzet ihr Bild in der Tiefe
Wie ein Stern in dunkler Nacht.

Süß träumend umgaukelt die Welle
Des Ufers duftigen Bord. –
Was reißet ihr feindlichen Winde
Die arme Welle fort.

Morgensonne

Wie in stille Kammer
Heller Sonnenschein,
Schaut in stille Herzen
Mild die Lieb’ herein.

Kurz nur weilet die Sonne,
Schatten brechen herein! –
Ach, wie so schnell entschwinden
Liebe und Sonnenschein! –

An –

Nur eine Locke von deinem Haar
Gib mir mein Lieb für die kalte Ferne,

Still wie das ewige Licht der Sterne
Will ich sie bergen immerdar.

Nur eine Locke nach freundlicher Sitte
Gib mir zum Pfande in Leid und Lust,
Will sie ja bergen auf treuer Brust.
Gib mir, mein Lieb, ich bitte, bitte!

Möwe und Herz

Hin nach Westen zieht die Möwe,
Hin nach Westen zieht mein Herz;
Fliegen eilend aus mitsammen.
Fliegen beide heimatwärts.

Ruhig Herz, du bist zur Stelle,
Flogst gar rasch die weite Bahn,
Und die Möwe schwebt noch rudernd
Überm weiten Ozean.

Es glänzt im dunkeln Laube
Des Mondes bleicher Schein;
Am Fuß der alten Eiche,
Da perlt der goldne Wein.

Da saßen drei Gesellen
Mit Herzen groß und kühn,
Und dachten nicht der Stunde,
Da sie der Mond beschien.

Auf jagten schwarze Wolken,
Und stille ward's im Kreis;
Es rauscht' die alte Eiche,
Es schwieg die laute Weis'.

Sie standen auf, sie sangen
Gar leise durch die Nacht:
„Dem Freund im stillen Grabe,
Sei unser Glas gebracht."

Sie gingen ernst und schweigend
Zu ihres Freundes Grab,
Und sangen alte Lieder
In seine Gruft hinab. –

Sie hatten ihrem Freunde,
Das letzte Glas gebracht,
Und standen stumm und weinten –
Und stille war die Nacht.

Der Räuberhauptmann

Mit raschem Sprunge, auf mutigem Roß
Durchschwamm der Räuber den schäumenden Fluß
Und nun an dem grasigten Rande
Versammelt er eiligts die Bande.

Und sie stehen alle im Kreise herum
Und harren ängstlich; der Hauptmann ist stumm. –
Da ruft er plötzlich – sie hörens mit Graus –
„Gesellen zieht mir die Stiefel aus"!

Noch einmal, liebe Sonne,
Schau mir ins Fenster ’nein;
Noch einmal, eh‘ ich sterbe,
Dann schlaf ich ruhig ein.

Und wenn sie mich begraben,
Dann scheine auf mein Grab,
Als blickte Gottes Auge
So mild auf mich herab.

Heimwärts?

Hin zum fernen Nord die Wolke fleucht! –
Knabe, sprich, wie ist dein Auge feucht!
Sollst ja mit zur Heimat ziehen,
Wo Becher glühen
An Freundes Brust.
Laß die goldnen Saiten klingen,
Sollst jauchzend singen
In selger Lust! –

Rasch im Sturm die Wolke fürder zieht –
Bleicher Knabe sing dein Wanderlied!
Anders greift der stille Knabe
Zum Wanderstabe
Mit nassem Blick.
Herz und Aug’ sind matt und trübe;
Denn Lied und Liebe
Läßt er zurück.

Blüten rauschen, Lieder klingen,
Und der Mond im Silberkahn
Zieht beim Schlag der Nachtigallen
Selig seine blaue Bahn.

Schöne Mädchen, lose Knaben
Sammeln sich in lauer Nacht,
Drängen sich in bunten Scharen
Zu des Frühlings Blütenpracht.

Leise tönen Lied und Saiten,
Glühend wechseln Wort und Kuß;
Und dazwischen klingt die Sehne
Von Gott Amors Bogenschuß. –

Durch des Gartens Laubengänge
Schwankt ein müder Greis herein,
Will noch einmal selig träumen
Unterm milden Sternenschein.

Linder Hauch durchströmt die Lüfte,
Blüten rauschen um ihn her;
Doch der Alte sitzt und trauert;
Denn sein Auge sieht nicht mehr.

Rings in Busch und Blütenzweigen
Schlägt der Nachtigallenchor;
Doch der Alte harrt und weinet;
Denn verschlossen ist sein Ohr. –

„Lange ist dein Lied verklungen,
Alter, sprich, was suchst Du hier!
Wo der Mond auf Gräber scheinet,
Ist dein stilles Nachtquartier!“

Walpurgisnacht

Am Kreuzweg weint die verlassene Maid
Sie weint um verlassene Liebe;
Sie klaget den fliehenden Wolken ihr Leid,
Ruft Himmel und Hölle zur Hilfe.
Da stürmt es heran durch die finstere Nacht,
Die Lüfte rauschen, die Eiche kracht,
Es flattern so krächzend die Raben.

Am Kreuzweg feiert der Böse sein Fest
Mit Sang und Klang und Reigen;
Die Eule rafft sich vom heimlichen Nest
Und lädt viel luftige Gäste.
Die stürzen sich jach durch die Lüfte heran,
Geschmückt mit Distel und Drachenzahn,
Und grüßen den harrenden Meister.

Laut über die Heide, weit und breit
Erschallt es im wilden Getümmel –
„Wer bist Du, Du schöne, Du lustige Maid? –
Juchheisa, Walpurgis ist kommen!
Was zauderst Du, Hexe, springe mit ein!
Sollst heute des Meisters Liebste sein,
Du schöne, Du lustige Dirne."

Der Nachtwind peitscht die tolle Schaar
Im Kreis um die weinende Dirne;
Da packt sie der Meister am goldenen Haar
Und schwingt sie im sausenden Reigen.
Und als gegen Morgen der Auerhahn schreit,
Da hat der Teufel die Jungfer gefreit,
Und hat sie nimmer gelassen.

Das Böse meiden,
Das Gute üben;
Die Bösen nicht scheuen,
Die Guten lieben.
Im Herzen Gott,
Am Herzen ein Mädchen:
So trille dich fort,
Mein Lebensrädchen.

Ein Schutzengel

„Horch, wie heulet der Sturm, wie prasseln am Fenster die Schloßen!
Heut ist der erste Mai, die Nacht der Gespenster und Hexen.
Ist Dir nicht bange, Geliebter, durch Nacht und Wetter zu reiten? –
Bleib! ich wache bei Dir; ich kann Dich heute nicht lassen."
Also sagte mein Lieb; doch mahnte die Mutter zum Scheiden;
Und dem vernünftigen Wort der ernsten Mutter gehorchend,
Nahm ich den Abschiedskuß, und tröstend das zärtliche Mädchen
Sprach ich: „Was sorgst Du mein Lieb! Laß toben Gespenster und Hexen;
Wem ein Engel im Herzen wohnt, den fürchten die Teufel."

———

Zusammen Bub und Mädchen
Die wanden Kränzelein,
Und flochten unversehens
Die Herzen mit hinein.

Die Blumen alle welkten
Die Bänder lösten sich;
Die Herzen aber hielten
Zusammen ewiglich.

Die Ruhestörerin

Mein süßes Kind,
Wie ich Dich liebe, hörst du oft;
Doch wie Du meine Ruhe störst,
Das höre jetzt! Mein süßes Kind,
Wenn ich mein Aug zur heilgen Jungfrau wende,
In frommer Andacht zu ihr wenden will,
So trägt die Heil'ge, die sich mir entüllt,
Dein blaues Aug, Dein hold Gesicht,
Dein glänzend Haar und Deines Munds Rubin.
Mein süßes Kind,
Will ich Gebete sprechen, eh' der Schlaf mich faßt,
So ists Dein letzter Gruß,
Den meine Lippen lallen;
Und Andacht und Gebet ist hin;
Denn mächtger als die Andacht ist die Liebe,
Und mächtger als die Heilige bist Du.
Dich denk ich nur, und dich nur bet' ich an. –
So steht's mit mir, und das hast du getan,
Du böses Kind!

Widmung

An frohverlebte Tage dacht' ich wieder,
Und die Gedanken führten mich zu dir.
Ich hielt die leichten Blätter in den Händen,
Ich dacht' an dich, und dachte: Send' sie ihr.
Doch sah ich dann auf meine armen Lieder,
So riß es mich aus meinen Träumen wieder.
Ich dachte: Nein – doch wie ich immer bin,
Ein rascher Pulsschlag nur, und – nimm sie hin.
Sieh, wie ich dein gedenke alle Zeit,
So haben ja nicht flüchtige Sekunden
Zu eigen meine Lieder dir geweiht;
Dein waren sie in ihren ersten Stunden. –
Wohl hab ich alte Märchen dir erzählet,
Vom Königskinde, das in Ketten liegt,
Und von dem Riesen, der sie arg bewachet,
Und von dem Ritter, der ihn kühn besiegt.
Und wenn ich dir der Jungfrau Schmerzen malte,
Ich sah nur dich in ihren Ketten zagen;
Dann griff ich schwärmend zum gewicht'gen Schwerte
Und durft im Geist mein Leben für dich wagen.
Ich dachte dich, wenn ich die Blume nannte,
Die taubeglänzt im stillen Garten steht;
Ich dachte dich, wenn ich dem Engel dankte,
Der mich beschützend durch mein Leben geht.
Und wie das Bild sich immer mocht' entfalten,
Du warst es stets in ähnlichen Gestalten;
Dein bin ich ja mit meinem ganzen Sein;
O nimm mich auf! – die Lieder geb' ich d'rein.

Wie, noch immer in den braunen
Locken dieses weiße Band! –
Denkst du noch, was meiner Launen
Buntes Gaukelspiel erfand.
Denkst du noch, wie wir verstohlen
Abends durch den Garten irrten,
Wenn die Dämmrungsvögel schwirrten
Um den Kelch der Nachtviolen.
Wie wir still zur Laube nieder
Schlichen an dem Bach entlang,
Wo ich meine leichten Lieder
Dir mit halber Stimme sang!
Wie du Lindenblüten pflücktest;
Wie du sie, zum Kranz verschlungen,
Lächelnd auf die Stirn mir drücktest
Für das Lied, das ich gesungen. –
Denkst du noch mein holdes Mädchen,
Wie du mir im Arm gesessen;
Sprich, mein wunderholdes Mädchen,
Hast du alles nicht vergessen. –
An mein Herz will ich sie drücken,
Die mein Herz gefesselt hält –
Und vor meinen offnen Blicken
Wimmelt eine fremde Welt. –
So wenn in des Bechers Runde
Perl an Perle steigt und schäumt
Spiegelnd aus dem goldnen Grunde
Was das Herz des Zechers träumt.
Wohlbekannte Bilder grüßen
In das trunkne Aug hinein;
Doch die Lippen wollen küssen
Und es flieht der holde Schein.

In der Fremde

Andre Wälder, andre Auen!
Längst verschwunden Strand und Meer,
Rings wohin die Augen schauen
Auch kein Plätzchen kenn' ich mehr.

Andre Menschen, andre Herzen!
Was mich liebte, blieb zurück;
Keiner weint bei meinen Schmerzen
Und kein Auge rührt mein Glück. –

Aber wenn die Nacht geschieden,
Dunkel liegen Tal und Höh'n,
Bringt die Nacht mir sel'gen Frieden,
Wenn die Sterne aufergehn.

Schaun aus ihrer blauen Ferne
So vertraut herab zu mir:
Gott und seine hellen Sterne
Sind doch ewig dort wie hier!

Fragen

Weißt du, was die Becher klingen;
Weißt du, was die Glocken läuten;
Weißt du, was die Lieder deuten,
Die die bunten Vöglein singen? –

Nicht nach außen darfst du fragen,
Was sie klingen, läuten, schlagen!
Denn zu Freude, wie zu Schmerzen
Deutung ruht im eignen Herzen.

Auf Wiedersehn!

(Das Mädchen spricht)

Auf Wiedersehn! Das ist ein trüglich Wort!
O reiß dich nicht von meinem warmen Herzen. –
Auf Wiedersehn? Das spricht von Seligkeit,
Und bringt mir doch so tausend bittre Schmerzen.

Auf Wiedersehn! Das Wort ist für den Tod.
Weißt du, wie über uns die Sterne stehen!
Noch schlägt mein Herz, noch ist mein Auge hell:
Mein süßer Freund! ich will dich immer sehen.

Du schwurst mir ja, mein Aug' bezaubre dich,
Schaut ich dich an, so könnt'st du nimmer gehen!
Ich laß dich nicht. – Erst wenn der Zauber bricht,
Dann küß' mich sanft, und sprich: auf Wiedersehen!

Ich weiß eine schöne Blume
Im stillen Garten blühn;
Der hat die Mutter Erde
Gar süßen Duft verliehn.

Von allen Blättern glänzt es
Wie Sternenschein so mild;
Es schwimmt im feuchten Kelche
Des Himmels Spiegelbild. –

Und wer die Blume schauet,
Muß kindlich sein und rein;
Unheiliges darf nimmer
In ihrer Nähe sein. –

Du stiller Wundergarten,
Du zarte Himmelsblüt',
Es ist gar manche Stunde,
Seitdem ich von Euch schied. –

Nun ist das Tor verschlossen
Nun kann ich nicht zurück;
Trostlose bittere Tränen
Umnachten meinen Blick.

Sei still mein klopfend' Herze,
Und ehre die Natur:
Die frommen Lilien blühen
Für fromme Kinder nur. –

Ständchen

Still vom Himmel sinkt die blaue Nacht
Still vom Himmel sinkt ein sel'ger Frieden,
Wenn der Tag in Sturm und Drang geschieden
Schimmert mild der Sterne ewge Pracht.

Friede rings! Gepriesen sei die Nacht!
Nur die stillen Schmetterlinge kosen
Schmeichelnd um den Kelch der züchtgen Rosen.
Alles ruhet; nur die Liebe wacht.

Rätsel

Was schaun die Reckenbilder rings
So finster an der Wand.

Was drückt das Eisen ihre Brust
Was hält ans Schwert die Hand?

Rätsel

Tochter der Erde steig ich zum Himmel,
Und in des Himmels schimmernde Farben
Tauch ich mein perlengewobenes Kleid,
Bald in des Mondscheins durftige Bläue,
Bald in der Sonne purpurnes Gold. –
Doch in des Himmels freundlichem Anblick
Sehn ich mich wieder hinab zu der Mutter:
Tiefer und tiefer senk ich das Haupt;
Bis ich, zerfließend in Tränen der Sehnsucht,
Fall' an der Mutter offene Brust. –
Und in der heiligen Kindesträne
Waltet lebendiger Gottessegen.

Nach frohen Stunden

Ich hab die Rose blühen sehn,
Mein ist ihr süßes Bild;
Und welkte sie zur Stunde schon,
Und bliebe stets verhüllt. –

Wohl lebt' ich manche frohe Zeit,
Manch' schönen Augenblick;
Der stirbt in meiner Seele nicht,
Und käm' er nie zurück.

Das Leben trügt – Erinnerung
Allein ist ewig treu;
Die kennet nur geheilten Schmerz
Und nur gesühnte Reu'.

Doch stürmt um meine Brust die Zeit
Und weckt mein junges Blut;
Im Zweifel stärket sich die Treu,
Und in Gefahr der Mut.

Ich weiß, die Zeit ist nimmer schlecht,
Die Wahrheit schaut das Licht;
Ich weiß, die Liebe muß bestehn:
Der Himmel wankt ja nicht! -

Doch denk' ich oft vergangner Zeit
Und an genoßnes Glück –
Gedanken ziehen mild durchs Herz
Und Tränen vor den Blick.

Abends

Die Drossel singt, im Garten scheint der Mond;
Halb träumend schwankt im Silberschein die Rose.
Der Abendfalter schwingt sich sacht heran,
Im Flug zu ruhn an ihrem zarten Moose.

Nun schwirrt er auf – doch sieh! er muß zurück;
Die Rose zwingt ihn mit gefeitem Zügel.
An ihrem Kelche hängt der Schmetterling,
Vergessend sich und seine bunten Flügel. –

Die Drossel singt, im Garten scheint der Mond;
Halb träumend wiegst du dich in meinen Armen.
O gönne mir der Lippen feuchte Glut,
Erschließ den Rosenkelch, den liebewarmen!

Du bist die Blume, die mich einzig reizt!
Dein heller Blick ist ein gefeiter Zügel!
An deinen Lippen hängt der Schmetterling,
Sich selbst vergessend und die bunten Flügel.

Sonntagsfrühe

Am Sonntagmorgen in der Früh
Da muß ich wandern gehn;
Mir ist so froh, ich weiß nicht wie;
Die Sonne scheint so schön!
        So recht ins Herz hinein!

Die Bursche schreiten schmuck und fein
Mit hellem Sang und hellem Sinn;
Die Mädchen schleichen hinterdrein,
Und schmunzeln vor sich hin;
        So recht ins Herz hinein!

Die Erde blüht im besten Staat,
Schier golden glänzt das Meer;
Und über Wald und Wies' und Saat
Da singt der Vögel Heer;
        So recht ins Herz hinein!

Hüben, Drüben

1.

In seinem Garten wandelt er allein,
In alle Bäume gräbt er immer wieder
Gedankenschwer den einz'gen Namen ein,
Und in dem Namen klagen seine Lieder.

Sanft blaut der Himmel, milde Rosen webt
Die Sommerzeit durch mächt'ge Blättermassen –
Er schaut sie nicht; die Zeit, in der er lebt,
Ist alt, verblüht, von allen längst verlassen.

2.

In frischer Laube ruht ein blühend Weib;
Es glänzt das Laub, die vollen Zweige brechen.
Ein schöner Knabe schmiegt an ihren Leib;
Sie lacht und küßt, und lehrt ihn Namen sprechen.

Und auch ein Name – wie sie leis ihn ruft,
Daß ihn der Knabe stammelnd nacherzähle,
Wehmütig zieht, wie Abends Lilienduft,
Ein Jugendbild im Flug durch ihre Seele.

Erinnrung führt empor aus stummer Nacht
Ihr Duftgespann, sie sanft hinabzutragen. –
Umsonst, umsonst! Hier scheitert deine Macht!
Zurück mit deinem nachtbeschwingtem Wagen!

Hier waltet Gegenwart so freundlich lind;
Tief schläft die Zeit in ihrem alten Grabe. –
„Was fehlt dir, Mutter?" koset sie das Kind.
Sie hebt das Haupt: „Nichts, nichts! mein süßer Knabe!"

Was ist ein Kuß?

„Was ist ein Kuß?“ „ Was ist ein Becher Wein? –“
„Und wie sich’s reimt?“ – „Merk auf, und ich erzähle:
Der Becher ist die Form, der Wein ist seine Seele,
Und dieser Wein kann sehr verschieden sein. –
Nun kannst du deinen Freund, den Bruder küssen
Die Base auch, und noch verschiedne mehr
Solch einen Kuß den lieb’ ich just nicht sehr
Und was drin liegt, du wirst es selbst schon wissen.
Doch schließt er eines Mädchens Liebe ein –
Solch einem Kuß sind andre zu vergleichen,
Wie Gläser Wasser einem Becher Wein
Aus des Tokaiers sonnenheißen Reichen.“

All meine Lieder will ich
Zum flammenden Herde tragen,
Da soll um sie die rote
Verzehrende Flamme schlagen
Sie sind ja welke Blüten,
Die keine Früchte tragen –
Was sollen welke Blüten
In frischen Sommertagen.

Schweig stille mein Herze!

1

Der Winter stürmt so laut ums Haus;
Du bist so still – der Kummer schaut
Aus deinem Aug’ so kalt heraus,

Und keine milde Träne taut. –
„Gib mir die Hand! ich bin allein;
Doch frag nicht, was mein Herz verwaise;
Ich sag's nicht laut, ich sag's nicht leise –
Es muß allein getragen sein."

2

Der Winter stürmet für und für;
Du schaust so selig himmelwärts,
Da blinkt kein Stern – o sage mir,
Was kam so plötzlich in dein Herz!
„Gib mir die Hand! die Welt ist mein,
Und mein – doch frag nicht, was ich preise,
Ich sag's nicht laut, ich sag's nicht leise –
Es muß allein getragen sein!"

Was man wohl öfters fragen könnte:

Wenn Abends du allein im Kämmerlein gesessen,
Wenn dich der Schlummer floh in stiller Nacht,
Dann hast du oft, – so sprichst du – mein gedacht.
Doch sprich! Wenn nun die Sonn' ist kommen unterdessen,
Wenn dir die Welt und jeglich' Aug' gelacht, –
Hast du auch dann wohl jemals mein gedacht?

Goldriepel

„Was scheust du, mein Gaul! Trag mich hinauf
Zum Schloß, das am gähen Abgrund liegt;

Zur Königsmaid, die der schauerliche Zwerg
In zaubertrüglichen Schlummer wiegt.“ –

Doch wieder scheut er und flieget der Gaul;
Da knattern die Fichten, es berstet der Berg;
Zwei blitzende Hämmer in rußiger Faust,
Aus der Spalte wirbelt der scheußliche Zwerg.

„Reiß aus, reiß aus! der Fels ist mein,
Und der Wald und das Schloß und die Dirne sind mein!
Reiß aus, reiß aus! und stör mich nicht auf,
Weil ich unten haue das Funkelgestein!

Das Funkelgestein und das klingende Gold
Das schmeiß ich hinauf in den Schoß der Braut;
Drum liebt mich die Dirn’, du eitler Gesell!
Goldriepel heiß ich! Jetzt wahr deine Haut!“

Da schwingt er die Hämmer; die blenden und sprüh’n,
Und der Ritter reißet das Schwert zur Hand:
„Mich schützet die Lieb’, die ist teurer als Gold
Und härter und hell als der hellste Demant.“

Langarmige Fichten schlagen darein –
„Rasch an, mein Tier!“ da bäumt sich das Pferd
Hoch auf vor den Hämmern; die blenden und sprüh’n;
In die leeren Lüfte sauset das Schwert.

„Hei Ritter, mein’ Hämmer die spalten Demant!“
Hell kreischet der Helm. – „Hei, treffen sie gut?“
Und der Ritter verwundet taumelt und wankt:
„O, heilige Jungfrau, beschütze mein Blut!“

Da springen die Tore hoch oben im Schloß;
Draus quillt es und strömt es wie himmlischer Schein;

Und drinnen im zaubertrüglichen Schlaf
Ruht die Maid wie lebendiger Marmelstein.

„Mich schützet der Himmel, mich schützet die Lieb!"
Und die Sehnen füllt's ihm mit neuer Gewalt;
Nicht schaut er die Hämmer, die blenden und sprüh'n.
Hindonnert sein Schwert auf des Zwerges Gestalt.

Und er reißt ihn zum Abgrund, und stürzt ihn hinab,
Wo die faule Sterze das Scheusal begräbt. –
In des Ritters Armen erwachet die Maid;
Sie küßt ihm die Wunde, sie lächelt und lebt.

Morgenwanderung

Im ersten Frühschein leuchtet schon die Gasse;
Noch ruht die Stadt, da ich das Haus verlasse.
Drei Stunden muß gewandert sein,
Mein Lieb, dann kehr' ich bei Dir ein!

Noch schläfst Du wohl; im kleinen Heiligtume
Bescheint die Sonne ihre schönste Blume.
Der Frühschein streift Dein süß' Gesicht;
Du lächelst, doch erwachst Du nicht.

Und hoch durch's Blau der Sonne Strahlen dringen;
Hoch schlägt mein Herz, und helle Lerchen singen.
Jetzt scheint auch Dich die Sonne wach,
Und träumend schaust Du in den Tag.

Was konnt' die Nacht so Süßes Dir bereiten? –
Wie durch die Hand die dunkeln Flechten gleiten,
So sprichst Du sinnend Wort um Wort,

Und halbe Träume spinnst Du fort.

Die liebe Sonn', was hat sie Dir genommen?
Hast du geträumt, Du sähst den Liebsten kommen?
– Wach auf, mein Lieb! Schleuß auf die Tür!
Der Traum ist aus, der Liebste hier.

Polterabendszene

Zigeunermädchen den Zigeunerbuben an der Hand

Der Knabe muß keck, naiv und zutraulich gespielt werden; das Mädchen mit einem über ihre Jahre hinaus gerückten Schmelz der Empfindung und einem Anflug von Schwärmerei, den ihr die Ausübung ihrer ernsten, phantastischen Kunst aufgedrückt hat.

Bube. Du ziehst mich fort durch die Winternacht!
Theresittchen, ich denk, da sind wir zur Stelle.
Hier glänzet das Fest und die Blume lacht
Und die Kerzen flammen in freundlicher Helle.

Dirne. Die Kerze flammt – wir sind zur Stelle!
Geh, rast an der Tür, mein kleiner Geselle.

Bube. Ei laß doch auch mich meine Künste üben!
Du weißt, manch Sprüchlein hab' ich zu sagen.

Dirne. Du töricht Kind! Nicht des Kummers Nagen
Hast du erkannt, weder Haß, weder Lieben!
Wer die Rätsel der Zukunft will erfragen,
Muß die Lösung im eigenen Herzen tragen.

Bube. So laß mich doch!

Dirne. Ich fühl's, hier weilt das Glück!
Die Norne schläft – hier dürfen Kinder spielen.
So geh denn hin! – Ich such' die Braut mir auf;
Ich will sie leicht erkennen aus den vielen.
Ein bräutlich' Aug' das schaut so eigen drein,
Als wie am Waldessaum der Morgenschein, –
Als wie im Morgenschein die junge Ros',
Als wie der Tropfen Taus in ihrem Schoß.

(Sie tritt, gefolgt von dem Knaben, weiter vor und sieht sich, den Finger an die Lippen legend, unter den Damen um.)

Ist's wohl die Blonde? – Nein! die denn? – doch nein!

(auf die Braut zugehend)

Mir sagt's das Herz! Du mußt die Rechte sein!
Gib mir die Hand! es soll Dich nicht gereuen!

(Sie nimmt die Hand der Braut und studiert die Linien)

Bube. *(geht rasch auf den Bräutigam zu)*
Grüß Gott Euch, Herr! Ihr seid der Bräutigam;
Ich seh's Euch, gelt, gleich an der Nase an.
Die Schwester meint, sie nur könn' prophezeien.
Doch laßt mich nur!– Zwar möcht' ich's noch nicht wagen,
Den Damen aus der Hand ihr Temprament zu sagen;
Denn schaut! Was drin im Herzchen wird getrieben,
Das steht oft nicht so rein in flacher Hand geschrieben.

(Hat die Hand genommen, die er mit eifrigen Gebärden beschaut)

Dirne. Doch eh' ich rede, mußt Du mir vertraun!
Die Mutter war von den klugen Frauen,
Die hat mich gelehrt, durch Wirren und Nacht
Die Rätsel der Zukunft entschleiert zu schauen.
Geboren bin ich in Waldespracht,
Im Böhmerland, wo im tiefen Schacht
Verborgen schläft des Kristalles Helle;
Wo des leichtbeweglichen Blutes Welle
Starr in Rubinen gefesselt liegt;
Wo der Alraun wächst, wenn der Schuhu fliegt;
Wo die Mitternacht plaudert in dunkeln Zweigen;
Wo das Elfenhorn klingt zum luftigen Reigen.

(Nimmt wieder die Hand, die sie indes hat sinken lassen, und richtet emsig Blick und Gedanken darauf.)

Bube. Herr, Ihr habt Herz – gehabt; doch leider jetzt nicht mehr!
Ein leeres Plätzchen nur, studier' ich noch so sehr!
Der Wechselwinkelzug! Ei schaut!
Ihr habt das Herz vertauscht – fürs Herzchen Eurer Braut!

(Studiert, während die Dirne spricht, weiter)

Dirne. Ein schmales Kreuz – ein leichter Zug hinüber –
Nicht immer warst Du froh; doch froher noch denn trüber!
Vergangnes Leid sind gegenwärt'ge Freuden,
Und Leben heißt ein bunt Gemisch aus beiden.
Doch schlug der Himmel Dir noch keine von den Wunden,

Die nimmermehr in aller Zeit gesunden.
(Studiert weiter)

Bube. Nun merket auf! Die dicke Linie hier,
Herr Bräut'gam, das bedeutet Ihr!
Und die schmale dünne daneben,
Das ist die Jungfer Braut, Euer Lieb' und Leben.
Doch eh' sie zusammentreffen, die Beugung –
(Höchst wichtig)
Das bedeutet lange schweigsame Neigung!
Kein Herz schon hattet Ihr, und lang noch keine Lunge;
Drum tragt Ihr aber auch das Herz nicht auf der Zunge! *(Studiert weiter)*

Dirne. „Du sollst den Vater und die Mutter lieben!"
Nicht das Gebot – das steht in jedes Herz! –
Du hast's erfüllt! Das les' ich klar geschrieben –
Mit Freudigkeit in Freude wie in Schmerz!
(Studiert weiter)

Bube. *(redselig)*
Ei wie das sich kreuzt auf dem kleinen Felde!
Ein Glücksrad, ein großer Beutel mit Gelde,
Eine Million oder zwei und die Zinsen dazu,
Ein großes Haus, zwei Pferd', eine Kuh,
Und Gänse und Enten und Hühner die Menge,
Und Mägde und Diener in lautem Gedränge!
Und „Eia popeia, so schlafe, mein Kind!"
Das flattert und rennet und saust wie der Wind!
Und wenn in der Mitte das Weibchen nicht wär,
In Ordnung käm's nimmer und nimmermehr!
(Studiert weiter)

Dirne. Vergangenheit nur les' ich aus der Hand! –
Aus Deinem Aug' laß mich die Zukunft lesen,
Laß mich Dich anschaun kurz, doch unverwandt! –

(Sie sieht ihr tief und sinnend in die Augen, und spricht nach kurzer Pause geheimnisvoll und bedeutsam:)

Und also wird es sein, weil's also ist gewesen!
„Mehr Ruh, denn Glanz,
Mehr Glück denn Leiden!
Nur eine Lieb',
Doch tausend Freuden
Von Vielen nicht gekannt,
Gehaßt von Keinen;
Geliebt von Allen;
Die sich Dir vereinen!"

(Nach einer kurzen Pause, mit Herzlichkeit.)

Bist Du zufrieden, denk an mich zurück,
Wenn reich lebendig wird mein armes Wort!
Du hast's verdient; drum trägst Du leicht
dein Glück –
(mit Schmelz)
Ich aber zieh' von Dir in meine Wälder fort,
Wo hell zum Tanz das Tambourin erklingt,
Wenn der Zigeunerbub' die blanke Schwester
schwingt; –
(schwärmend)
Die Schelle rauscht, die bunten Bänder fliegen;
Es weicht die Nacht, – hoch auf die Flammen
siegen.
Hinaus, hinaus! – Leb't wohl! Noch einen Blick!
Und lacht Dein Himmel, denk an mich zurück!

(Sie küßt in tiefer, langsamer Verbeugung der Braut die Hand und geht langsam ab.)

Bube. Verzeiht mir, Herr, ich bin noch in der Lehre!
Hier wird's mir, gelt, ein bissel gar zu kraus.
Doch siehts, beim Nepomuk und meiner Ehre!
Wie eitel Glück und eitel Segen aus.
Die Schwester geht! lebt wohl und lebt in Freuden!
Was ich nicht konnte – muß die Zeit entscheiden!
(ab.)

(Die Dirne muß soviel Zeit mit dem Handkuß und ihrem Abgang hinbringen, daß der Bube sie noch an der Tür einholen kann)

Schlußlied

Warum ich traure alle Zeit
Und wandle allzeit stumm? –
Ich trag im Herz ein stilles Leid
So schwer mit mir herum.

Was hilfts, daß ich dem Gram vertrau,
Der still mein Herze bricht,
Verstehen kannst dus nimmermehr,
Und helfen kannst du nicht.

Verstehen würdst du nimmermehr
Das Leid das mir geschehn,
Ach die mein Herz gebrochen hat,
Die all' mein Leid gefüget hat,
Kanns selber nicht verstehn.

Weihnachtsgruß

von
Dem Spielmann aus der Weiten
an
Das Mädchen groß und schlank,
Das er durch die Macht der Saiten
Rückwärts in die Kindheit sang.

In die leichten Kinderschuhe
Tritt noch einmal mir behend!
Folg mir durch des Abends Ruhe,
Wo der dunkle Taxus brennt.

Engel knieen an der Schwelle
Hütend bei dem frommen Schein;
Von den Lippen klingt es helle:
„Nur die Kindlein gehen ein!“

Ei, was stehst du! – Komm geschwinde,
Eh' der goldne Schein verlischt!
Reichlich hab' ich meinem Kinde
Die Bescherung aufgetischt.

Sprich mir, aus der bunten Gruppe,
Was du nun zumeist begehrst! –
Dacht' ichs immer! – Nach der Puppe
Greifst du doch zu allererst!

Auch ein Wieglein ist zugegen;
Deck' und Kissen seidenweich!
Prob's nur, sie hineinzulegen!
Schlafen muß das Püppchen gleich.

Sing ein bißchen: „Schlafe, schlafe!
Sternlein blinken in der Höh',
An der Krippe ruhn die Schafe,
Fischlein schläft im tiefen See." –

So, nun schläft das liebe Dinglein!
Laß sie – Ei, so schau doch nur!
Golden schier das saubre Ringlein,
Und die helle Perlenschnur!

Perlen, weißt du? das sind Tränen,
Die im Meer die Muschel weint,
Wenn sie aufwärts blickt mit Sehnen
Nach dem Tag, der oben scheint.

Freu dich, Kindchen, des Geschmeides,
Die du lachst und lebst im Licht –
Tränen aus der Nacht des Leides
Kenne nie dein süß' Gesicht! –

Doch das Büchlein mußt du schauen,
Bilderchen und fromme Lehr',
Und voll heimlich süßem Grauen
Alte wunderbare Mär!

Von Schneewittchen bei den Zwergen,
Wo sie lebte unerkannt;
Und war hinter ihren Bergen
Doch die Schönst' im ganzen Land.

Von Hans Bärlein, der im Streite
Einen Riesenritter schlug,
Der die Königstochter freite,
Endlich gar die Krone trug.

Von dem Spielmann aus der Weiten
Der ein Mädchen, groß und schlank
Durch die Zauberkraft der Reime
Rückwärts in die Kindheit sang.

Laß dir alles wohl beschreiben –
Doch du träumst und hörst mich nicht!
Zitternd auf den Fensterscheiben
Spielt das blaue Mondenlicht.

Ist doch über all den Märchen
Ausgebrannt die helle Pracht! –
Sandmann kam ins Augenpärchen;
Müde bist du – Gute Nacht!

Setz vor's Bett die schönen Sachen,
Nimm dein Püppchen mit hinein!
Morgen, wenn du wirst erwachen,
Soll noch alles bei dir sein.

Zwei Lieder

(An das Mädchen)

1

Schon Mitternacht? Mein Kopf ist wüst!
Zu Bett! Ich habe lang gewacht;
Doch ob das Aug' sich müde schließt,
Wann kennt das Herz wohl Tag und Nacht?

Das Herz, das Herz hat nimmer Ruh!
Das fliegt zu dir durch Zeit und Raum,
Im Traum mein süßes Leben du,
Im Leben du mein süßer Traum.

2

Kein Schifflein zieht von hinnen,
Gefesselt liegt die See.
Viel Zeit noch muß verrinnen
Zerschmelzen noch viel Schnee,
Verwehn noch muß im Winde
Viel Lust und Lieb' zugleich,
Bis ich meinem treuen Kinde
Die treuen Hände reich'.

Doch wenn im verstummten Bache
Wieder die Wellen tau'n;
Wenn unter dem Schieferdache
Die Schwalben wieder bau'n;
Wenn wieder auf See'n und Flüssen
Die Lotosblumen blühn,
Dann sollst du in meinen Küssen,
Du blasse Rose, glühn!

Und wenn ich von dir, du süße Gestalt,
in ewiger Ferne bliebe,
Du bliebest mir nah, wie im Busen das Herz,
wie im Herzen die klopfende Liebe!

O käme doch endlich der Frühling ins Land,
wo die Bächlein herniedertauen!
Dann brech ich mit Blüten und Bächlein die Haft,
Dich endlich wieder zu schauen.

Jetzt stehst du und spielst mit dem Herzchen am Hals,
Rücksinnend vergangener Tage;
Aufleuchtend über dein Anlitz geht
eine heimlich lächelnde Frage.

Sprich hat wohl, Geliebte, dein Herze, wie mein's,
unnennbare Sehnsucht empfunden? –
O käme doch endlich der Frühling ins Land!
Schon zähl' ich die Tage, die Stunden.

Und als das Kind geboren ward,
Von dem ich heute singe,
Der Winter schüttelte den Bart:
„Was sind mir das für Dinge!
Wie kommt dies Frühlingsblümelein
In mein beschneites Haus hinein!
Potz Wunder über Wunder."

Doch klingeling! Ringsum im Kreis'
Bewegt' sich's im Geheimen;
Schneeglöckchen hob das Köpfchen weiß,
Maiblümchen stand im Keimen;
Und durch die Lüfte Tag für Tag
Da ging ein süßer Lerchenschlag
Weit über Feld und Auen.

„Herr Winter, greif er nur zum Stab!
Das sind gar schlimme Dinge;
Sein weißes Kleid wird gar zu knapp,
Sein Ansehn zu geringe!
Das liebe, liebe Blümelein
Möcht' wohl des Frühlings Bote sein!
Des Frühlings, ja des Frühlings!"

Meine Maid

Ein blaues Aug, nachtbraun ihr lockicht Haar;
Ein Schelmenmund, wie jemals einer war
Ein launisch Kind, doch alles Widerstreben
Zerschmelzt ihr Herz, das mir so ganz ergeben.

Oft wenn im Lehnstuhl sinnend ich geruht
Sie stumm betrachtend als mein höchstes Gut;
Dann springt sie auf und an des Stuhles Lehne
Hängt sie sich schmollend ob der stummen Scene.

„Du bist sehr interessant!“ – „Ich liebe dich.“
– „Ach das ist schon was Altes; aber ich,
Ich lieb Geschichten, neu und nicht erfunden,
Erzählst du nicht, ich geh in drei Sekunden.“

„So hör! Jüngst träumte mir“ – „Das ist nicht wahr!“ –
„Wahr ist's! mir träumt', ich sähe auf ein Haar
Dich selbst Straß auf und ab in Prachtgewändern
An eines Mannes Arm gemächlich schlendern.

Und dieser Mann – der war nicht ich!“
„Du lügst!“ – „Mein Herz, ich sah dich sicherlich!
Versunken war dein Aug in seines mit Entzücken –
Ich stand seitab, gleichgültig deinen Blicken –“–

„Der Mutter sags ichs!“ ruft das tolle Kind,
„Was für ein Traum!“ Da hasch ich sie geschwind,
Und zwing mit tausend Küssen sie zu eigen,
Bis sie aufs neu mir Liebe schwört und Schweigen.

„Lebwohl!“

Lebwohl, lebwohl! Ich ruf’ es in die Leere;
Nicht zögernd sprech ich’s aus in deinem Arm,
Kein pochend Herz, kein Auge tränenwarm,
Kein bittend Wort, daß ich dir wiederkehre.
Lebwohl, lebwohl! Dem Sturme ruf’ ich’s zu,
Daß er den Gruß verwehe und verschlinge.
Es fände doch das arme Wort nicht Ruh –
Mir fehlt das Herz, das liebend es empfinge.

Als noch dein Lächeln ging durch meine Stunden,
Da kam’s mir oft: „Wach auf! es ist ein Traum!“
Nicht fassen konnt’ ich’s – jetzo fass’ ich’s kaum,
Daß ich erwacht, und daß ein Traum verschwunden.
Lebwohl, lebwohl! es ist ein letztes Wort,
Kein teurer Mund wird mir ein andres geben.
Verweht ist Alles, alle Lust ist fort –
„Die kurze Lieb’, ach, war das ganze Leben!“

Mög’ deinen Weg ein milder Gott geleiten!
Fernab von mir ist nah vielleicht dem Glück.
In’s volle Leben du – ich bleib’ zurück
Und lebe still in den verlaß’nen Zeiten.
Doch schlägt mein Herz so laut, so laut für dich,
Und Sehnsucht mißt die Räume der Sekunden –
Lebwohl, lebwohl! An mir erfüllen sich
Die schlimmen Lieder längst vergeßner Stunden.

Auf Münkeberg

In deinen Arm, mein wackres Mädchen, faß mich,
Und schließ mich fest in dieser zarten Lehne;

Dann ohne Furcht, mich zu verlieren, laß mich
Anschaun des Landes anmutvolle Schöne.

Und hat die Lust im Anschaun sich verzehrt,
Dann ruh mein Aug' in deines Auges Sternen,
Dem Wandrer gleichend, der aus schönen Fernen
Zurück in seine schönre Heimat kehrt.

Sind deine Lippen auch nicht mein
Und nicht mehr deine eignen,
Sie können doch, so lang du lebst,
Die meinen nicht verleugnen.

Nicht bin ich stark; vermag's nicht, durch das Leben
Wie Andre keck und frei hervorzudringen,
Nicht durch Verdienst mir mühvoll zu erringen
Was nicht die Götter gnädig mir gegeben.

Sie haben gestern, sprach sie, dich geschmäht,
Du seist nicht mehr so gut, wie du gewesen.
Ich habe dich verteidigt, sprach sie trüb,
Dann sah sie tief und ernst mir in die Augen
Und fragte leis: „Hättst du mich auch so lieb?“

Ein einzig Glück nur gibts für mich zu hoffen,
Doch was es ist, ich will es keinem sagen,
Und wenn ein einzig Unglück mich betroffen,
Was ich verlor, ich will es keinem klagen.

Das süße Lächeln starb dir im Gesicht
Und meine Lippen zuckten wie im Fieber.
Doch schwiegen sie – wir grüßten uns auch nicht;
Wir sahn uns an und gingen uns vorüber.

Schlummerlied

Schlafe du! wie wär' ich gerne,
Wo der Traum dein Haupt umblüht.
Schlafe du! aus weiter Ferne
Lull dich ein mein Schlummerlied.

Schlafe du und schließ die müden,
Schließ die blauen Augen zu.
In des eignen Herzens Frieden
Schlafe du, schlafe du!

Leb' ich auch in weiter Ferne,
Durch die Träume geht das Lied –
Schlafe du! wie wär ich gerne,
Wo der Traum dein Haupt umblüht.

Im Nebenzimmer saßen ich und du,
Die Abendsonne fiel durch die Gardinen;
Die fleißigen Hände fügten sich zur Ruh;
Von rotem Licht war deine Stirn beschienen.

Wir schwiegen beid'; ich wußte mir kein Wort,
Das in der Stunde Zauber mochte taugen;
Nur nebenan die Alten schwatzten fort;
Du sahst mich an mit deinen Märchenaugen.

Repos d'amour

(étude p. Henselt.)

Laß ruh'n die Hände! Gib Dich mir!
Schon Dämmer webet durch's Gemach;
Nur Deiner Augen glänzend' Licht
Ist über meinem Haupte wach.

O laß mich ruh'n in Deinem Arm!
Fernhin verstummt der laute Tag;
Ich hör allein Dein flüsternd Wort
Und Deines Herzens lautern Schlag.

Laß schauernd Deiner Blicke Graus
Durch meine tiefste Seele hin!
O gib Dich mir, gib mir im Kuß,
Dein ganzes Leben gib mir hin!

Und alle bange, sel'ge Lust,
Was in dir lacht und weint und glüht,
Gib mir der Träne süßen Schmerz,
Die brennend durch die Wimper sprüht. –

So bist Du mein, ob auch der Tod
Zu früh Dein blaues Auge bricht –
Du lebst in meiner tiefsten Brust,
Ein ewig', liebliches Gedicht.

„Und blieb dein Aug'"

Und blieb dein Aug' denn immer ohne Tränen?
Ergriff dich nie im kerzenhellen Saal
Hinschleichend in des Tanzes Zaubertönen
Ein dunkler Schauer meiner ew'gen Qual?

O fühltest du's! Nicht länger kann ich's tragen
Du weißt, das ganze Leben bist du mir,
Die Seligkeit von allen künft'gen Tagen
Und meiner Jugend Zauber ruht auf dir.

In meiner Liebe bist du auferzogen;
Du bist mein Kind – ich habe dich geliebt,
Als fessellos noch deine Locken flogen,
Als deine Schönheit noch kein Aug' getrübt.

Ob du dich nimmer nach dem Freunde sehntest,
Der Abends dir die hellen Lieder sang,
Indeß du stumm an seine Schulter lehntest,
Und gläubig lauschtest in den vollen Klang?

O fühl' es nimmer, wie Vergangnes quäle!
Doch wirst du's fühlen; weiß ich's doch gewiß
An jedem Funken deiner, meiner Seele:
Gott gab dich mir, als er dich werden hieß.

O kehr' zurück, und wandle, was vergangen,
In dunkle Schmerzen der Erinnerung!
Noch blüht dein Mund, noch glühen deine Wangen,
Noch ist mein Herz wie deines, stark und jung.

Du bist so jung, und kaum daß ich dich liebte,
Berührte deine Stirne schon der Schmerz.
Drum zürn' ich nicht, daß dir, du Tiefbetrübte,
Das Leid der Liebe mehr gilt als mein Herz.

Du ahnst nicht, daß ein Augenblick wird kommen,
Wo Lust und Leiden gleich verloren sind,
Wo du dich sehnst nach Augen, die verglommen,
Nach Worten, welche längst verweht im Wind.

Wo mit der Frage dich dein Herz wird schrecken,
Ob nicht dies Leiden dennoch war ein Glück.
Die Arme wirst du in die Lüfte strecken,
Doch kommen wird kein Liebeswort zurück.

So muß mich alles, alles mahnen
　　　an die vergangne schöne Zeit;
So nah ist alles was ich liebe,
　　　und doch so unerreichbar weit.

Das war ein Ton verklungner Freude!
So war's um mich – o holde Jugendzeit
Wie füllst du noch mit wunderbarem Leide,
Und liegst so weit, so weit!

Damendienst

Die Schleppe will ich dir tragen,
Ich will deinem Wink mich weihn,
An Festen und holden Tagen
Sollst du meine Königin sein.

Deiner Launen geheimste und kühnste
Gehorsam erfüll' ich dir;
Doch leid' ich in diesem Dienste
Keinen Andern neben mir.

So lang' ich dir diene in Ehren,
Gehöret dein Lächeln mein;
Deinen Hofstaat will ich vermehren;
Doch der Erste will ich sein.

Ich kann dir nichts, dir gar nichts geben,
Zu keinem Glück bedarfst du mein;
In fremden Landen wirst du leben,
In fremden Armen glücklich sein.

Blumenduft vom Nachbarfenster
Trägt der Wind zu mir herein,
Und es scheint ein Gruß der Liebe
Aus der Ferne mir zu sein.

Mit Liedern

Liegt eine Zeit zurück in meinem Leben
Wie die verlaßne Heimat schaut sie aus.
Wohin im Heimweh die Gedanken streben –
Du kennnst sie wohl – auch du warst dort zu Haus.
O folge mir, und laß dich heimatwärts
Durch mein Gedicht zu lieben Stunden bringen
Die alte Zeit mit neuerregten Schwingen
Noch einmal schlagen an dein friedlich Herz!

Die Julisonne schien auf ihre Locken,
Da sprang sie fort ins Dunkel der Syringen,
Daß rauschend um sie her die Blütenflocken
Sich wie zum Kranz um ihre Schläfe hingen.

Liebe und Treue

Lieben – ja frag nur an, da sind sie alle empfänglich;
  Hat doch jede den Schoß, jede zu Küssen den Mund.
Einzig zur Treue, da fehlt bei allen Lust und Bedürfnis,
  Fehlt ja zur Treue doch auch allen am Leibe das Glied.

Gesteh's, es lebt schon Einer,
Der dich heimlich geküßt einmal,
Der deinem Kindermunde
Der Lippen Zauber stahl.

Und gäbst du mir alle Liebe
Und liebt ich dich noch so sehr,
Ich könnte dich nimmer umfangen,
Und herzen dich nimmermehr.

Es zieht mich zu dir hinüber
So gewaltsam und liebewarm –
Was bist du so unwiderstehlich schön,
Und doch so bettelarm!

Wir saßen vor der Sonne
Geschützt im schattig Grünen;
Du hieltest in den Händen
Die Blüte der Jasminen.

Du schautest vor dir nieder
Stumm lächelnd auf die Steige;
Dann warfst du mir hinüber
Das blühende Gezweige.

Drei Jahre sind vergangen,
Seit dieses mir geschehen.
So lang hab ich die Blume
Statt deiner nur gesehen? –

Nun send ich dir zurücke,
Die ich so lang besessen.
Du mögest an der welken
Die lange Zeit ermessen.

Nun blühen die Büsche wieder
Es drängt sich Dolde an Dolde.
Ich will keine Blätter und Blumen.
Ich will dich selber, die Holde.

Und so laßt von dieser Stund
Denn das alte Lieben,
Ist euch Herz und Hand und Mund
Übrig doch geblieben!

Weihnachtsabend

An die hellen Fenster kommt er gegangen
Und schaut in des Zimmers Raum;
Die Kinder alle tanzten und sangen
Um den brennenden Weihnachtsbaum.

Da pocht ihm das Herz, daß es will zerspringen,
O, ruft er, laßt mich hinein!
Was Frommes, was Fröhliches will ich euch singen
Zu dem hellen Kerzenschein.

Und die Kinder kommen, die Kinder ziehen
Zur Schwelle den nächtlichen Gast;
Still grüßen die Alten; die Jungen umknieen
Ihn scheu in geschäftiger Hast.

Und er singt: „Weit glänzen da draußen die Lande
Und locken den Knaben hinaus,
Mit klopfender Brust, im Reisegewande
Verläßt er das Vaterhaus.

Da trägt ihn des Lebens breitere Welle –
Wie war so weit die Welt!
Und es findet sich mancher gute Geselle,
Der's treulich mit ihm hält.

Tief bräunt ihm die Sonne die Blüte der Wangen
Und der Bart umsprosset das Kinn;
Den Knaben, der blond in die Welt gegangen,
Wohl nimmer erkennet ihr ihn.

Aus goldenen und aus blauen Reben,
Es mundet ihm jeder Wein,
Und dreister greift er in das Leben
Und in die Saiten ein.

Und für manche Dirne mit schwarzen Locken
Im Herzen findet er Raum –
Da klingen durch das Land die Glocken,
Ihm war's wie ein alter Traum.

Wohin er kam, die Kinder sangen,
Die Kinder weit und breit,
Die Kerzen brannten, die Stimmlein klangen –
Das war die Weihnachtszeit.

Da fühlte er, daß er ein Mann geworden;
Hier gehörte er nicht dazu.
Hinter den blauen Bergen im Norden
Ließ ihm die Heimat nicht Ruh.

An die hellen Fenster kam er gegangen
Und schaut in des Zimmers Raum;
Die Schwestern und Brüder tanzten und sangen
Ein Christlied am Taxusbaum." –

Da war es, als würden lebendig die Lieder
Und nahe, der eben noch fern;

Um den Taxus tanzten die Schwestern und Brüder
Und sangen ein Lied vom Herrn!

Da kann er nicht länger das Herz bezwingen,
Er breitet die Arme aus:
O schließet mich ein in das Preisen und Singen,
Ich bin ja der Sohn vom Haus!

Käuzlein

Da sitzt der Kauz im Ulmenbaum,
Und heult und heult im Ulmenbaum.
Die Welt hat für uns beide Raum!
Was heult der Kauz im Ulmenbaum
Von Sterben und von Sterben?

Und über'n Weg die Nachtigall,
Genüber pfeift die Nachtigall.
O weh, die Lieb' ist gangen all!
Was pfeift so süß die Nachtigall
Von Liebe und von Liebe?

Zur Rechten hell ein Liebeslied,
Zur Linken grell ein Sterbelied!
Ach, bleibt denn nichts, wenn Liebe schied,
Denn nichts, als nur ein Sterbelied
Kaum wegbreit noch hinüber?

Du weißt doch, was ein Kuß bekennt?
Sonst hör' du auf zu küssen!
Ich dächt', er wär' ein Sakrament,
Das alle Völker wissen.

Rechenstunde

Du bist so ein kleines Mädchen,
Und hast schon so helle Augen,
Du bist so ein kleines Mädchen
Und hast schon so rote Lippen!

Nun schau mich nur an, du Kleine,
Auch ich hab' helle Augen,
Und laß dir alles deuten –
Auch ich hab' rote Lippen.

Nun rechne mir doch zusammen!
Vier Augen, die geben? – Blicke!
Und – mach mir keinen Fehler! –
Vier Lippen, die geben? – Küsse!

———

Lebwohl, du süße kleine Fee!
Ach eh' ich dich nun wiederseh',
Wie viel Paar Handschuh sind verbraucht,
Und wieviel Eau de Cologne verraucht!

———

Es ist die Lieb' ein Wiegenlied,
Es lullt und sing dich ein;
Doch schläfst du kaum, so schweigt das Lied,
Und du erwachst allein.

Entsündige mich! ich bin voll Schuld,
Doch du bist rein, wie Engel sind;
Zu deinen Füßen sink' ich hin,
Du lieblich jungfräuliches Kind!

Wer die Liebste sein verloren
Und die Liebe nicht zugleich,
Sucht umsonst an allen Toren
Sein verschwund'nes Himmelreich.

Wolken am hohen Himmel,
Im Herzen ein tiefer Gram!
Die Sonne ist gegangen,
Noch eh' der Abend kam.

Und wie du meine Lieder
In diesem Buch sollst finden?
Folg nur dem roten Faden,
Der wird sie dir verkünden.

Ich wand ein Sträußlein Morgens früh,
Das ich der Liebsten schickte;
Nicht ließ ich sagen ihr von wem,
Und wer die Blumen pflückte.

Doch als ich Abends kam zum Tanz
Und tät verstohlen und sachte,
Da trug sie die Nelken am Busenlatz,
Und schaute mich an und lachte.

Sie brach ein Reis vom Hochzeitskranz
Und pflanzt' es gläubig ein:
„Nun trage mir ein Kränzlein grün
Für's künftige Töchterlein."

Sind sechzehn Jahre wohl herum,
Das Reislein wuchs heran,
Hier sitzt das wackre Töchterlein –
Fehlt nur der Freiersmann.

Und weißt du, warum so trübe,
So schwer mir das Herz muß sein? –
Du hast mich geküßt ohne Liebe;
Das wolle dir Gott verzeihn.

Bettlerliebe

O laß mich nur von ferne stehn,
Und hangen stumm an deinem Blick;
Du bist so jung, du bist so schön,
Aus deinen Augen lacht das Glück.

Und ich so arm, so müde schon,
Ich habe nichts, was dich gewinnt.
O wär' ich doch ein Königssohn,
Und du ein arm' verlornes Kind!

Traumliebchen

Nachts auf des Traumes Wogen
Kommt in mein Kämmerlein
Traumliebchen eingezogen,
Luftig wie Mondenschein.
Sie ruht auf meinem Kissen,
Sie stört mich auf mit Küssen
Und lullt mich wieder ein.

Glühend um meine Glieder
Flutet ihr dunkles Haar,
Auf meine Augenlider
Neigt sie der Lippen Paar.
„So küß' mich, du blöder Schäfer!
Dein bin ich, du süßer Schläfer,
Dein heut' und immerdar!"

„Fort, fort aus meinem Stübchen,
Gaukelndes Nachtgesicht!
Ich hab' ein eigen Liebchen,

Ein and'res küß ich nicht!"
Umsonst, ich blieb gefangen,
Bis auf des Morgens Wangen
Brannte das rosige Licht.

Da ist sie fortgezogen,
Schwindend wie Mondesschein,
Singend auf Traumeswogen
Schelmische Melodein:
„Traum, Traum ist alles Lieben!
Wann bist du treu geblieben?
Wie lang' wohl wirst du's sein?"

Mit dem Liederbuche

Du weißt es; alle, die da sterben
Und die für immer scheiden gehn,
Die müssen, wärs auch zum Verderben
Die Wahrheit ohne Hehl gestehn.

So leg' ich's denn in deine Hände,
Was immer mir das Herz bewegt;
Es ist die letzte Blumenspende,
Auf ein geliebtes Grab gelegt.

Zu den Liedern

Was zu glücklich, um zu leben,
Was zu scheu, um Klang zu geben
Was zu lieblich zum Entstehen
Was geboren zum Vergehen,

Was die Monde nimmer bieten
Rosen aus verdorrten Blüten,
Tränen dann aus jungem Leide
Und ein Klang verlorner Freue.

Letztes Blatt

Du bist so jung; sie nennen dich ein Kind;
Daß du mich liebst, du weißt es selber kaum.
Vergessen wirst du mich und diese Stunden,
Und wenn du aufschaust, und ich bin verschwunden,
Es wird dir sein wie über Nacht ein Traum. –
Dein sei die Welt! – sei dir das Leben mild!
Mög' nie dein Aug' gewes'nes Glück bekunden!
– Doch wenn dereinst mein halberloschnes Bild
Lieb' oder Haß mit frischen Farben zeichnen,
Dann darfst du mich vor Menschen nicht verleugnen!

Wilde Nacht

„Gar, das sollte mir fehlen;
Mich um ein Mägdelein
Um Schlaf und Ruh zu quälen!
Wein her! Schenkt ein, schenkt ein!

Stoßt an! wie neu geboren,
Der Alte bin ich einmal!
Ein Dirnlein ist verloren,
Gewonnen die andern all!"

Laut taten Bescheid die Gesellen:
„Was Weiber und Weibertreu!“
Es klangen die Gläser die hellen
Bis spät nach Hahnenschrei.

Da hat sie die Sonne vertrieben
Hierhin, dorthin nach Haus;
Nur Einer ist rückgeblieben,
Trank stumm seine Neige aus.

Was immer die Lippe geschworen,
Es stimmte das Herz nicht ein,
Er hatte doch alles verloren
In dem einzigen Mägdelein.

Und der er seine junge
Sonnige Liebe gebracht,
Die hat ihn gehen heißen,
Nicht weiter sein gedacht.

Darauf hat er heimgeführet
Ein Mädchen still und hold;
Die hat aus allen Menschen
Nur einzig ihn gewollt.

Und ob sein Herz in Liebe
Niemals für sie gebebt,
Sie hat um ihn gelitten
Und nur für ihn gelebt.

Zwischenreich

Meine ausgelass'ne Kleine
Geht zur Konfirmaton;
Ach sie trägt in ihrem Herzen
Nur die Jungfrau und den Sohn.

Ja, die ungestümen Augen
Schmachten nach dem Himmelreich,
Und die durstig roten Lippen
Predigen Entsagung euch.

Jene süße Himmelsdemut,
Die der Sünde Hoffart schilt,
Hat das ganze Schelmenanlitz
Wie mit grauem Flor verhüllt.

Ach, ich kenne sie nicht wieder,
Die so schön mit uns gedahlt;
Auf die Tiziansche Venus
Ist ein Heil'genbild gemalt.

Nirgend mehr für blaue Märchen
Ist ein einzig' Plätzchen leer;
Nur Traktätlein und Asceten
Liegen ärgerlich umher.

Ja es wäre zum Verzweifeln –
Aber, Herz, wir wissen schon,
Deinen ganzen Götzenplunder
Wirft ein einz'ger Mann vom Tron.

Hans Bär

Ein Mährlein erzählt von H. Th. W. Storm

Seiner jungen Freundin
Bertha von Buchan
gewidmet vom
Verfasser

In einem alten Fichtenwalde wohnte einmal vor vielen, vielen Jahren ein armer Köhler mit seiner Frau, die ihm erst vor kurzem ein gesundes Knäblein geschenkt hatte, das in der Taufe den Namen Hans empfing. Dieser entwickelte bald nach seiner Geburt eine solche Körperstärke, daß er drei kleine Hündchen, die die Eltern ihm als Spielkameraden beigegeben hatten, der Reihe nach mit seinen Händchen zu Tode drückte. Darüber schalten sie nun wohl den Knaben; in ihrem Herzen aber freuten sie sich über die so wunderbaren Anlagen ihres Söhnleins, und gedachten noch einmal etwas Großes aus ihm zu ziehen. Doch nicht lange sollten sie solcher Freude genießen, wie ich dir sogleich erzählen werde. – Es hauste nämlich in diesem selbigen Walde ein ungeheurer Bär; dem hatten die Jäger seine beiden Jungen genommen, worüber er sehr betrübt war, und Tag und Nacht vor Schmerz im Walde umherheulte. So kam er auch einst vor das Haus des Köhlers, wo der kleine Hans an der Erde saß uns spielte. Als der Bär ihn gewahrte, ward er noch lebhafter <gemahnt> an seine eignen Kindlein zu denken, und, um Rache zu nehmen an den bösen Menschen, die sie ihm geraubt hatten, fuhr er auf den kleinen Hans zu, um ihn zu fressen; Hans aber riß ein Bäumchen aus der Erde, und schlug so tapfer auf den großen Bären los, daß dieser, erstaunt über die Kraft und den Mut des Kindes, bald ganz andern Sinnes ward und bei sich selber dachte: „Den Jungen sollst du mit in deine Höhle nehmen, und ihn säugen mit deiner Milch, und ihn so stark machen, wie es wohl sonst deine eignen Bärlein geworden wären, damit er dich wieder pflegen und schützen kann, wenn du einmal alt und schwach geworden bist." Solches dachte die alte Bärenmutter in ihrem Sinn, nahm dann, trotz seines Schreiens und Sträubens, den kleinen Hans gar sanft zwischen ihre Vordertatzen und trabte mit ihm waldeinwärts ihrer Höhle zu.

Kaum war sie daselbst angekommen, so legte sie auch sogleich ihr neues Pflegesöhnlein auf das weiche Lager, das sie vorher ihren eignen Kindern bereitet hatte, schüttelte ihm die Streu zu rechte und brummte ihn gar freundlich an, daß Hänschen sich allmählich beruhigte und endlich vor Ermattung und Müdigkeit einschlief.

Als er am Andern Morgen die Augen aufschlug, sah er den alten Bären vor seinem Lager sitzen, der ihm mit seinen Tatzen eine Menge schöner, roter Erdbeeren darreichte, die er in der Frühstunde für ihn im Walde gepflückt hatte; dann bot er ihm seine Brust und säugte ihn mit seiner Milch, so daß Hänschen gar vergnügt ward, und den alten Bär bald auf dem breiten Rücken klopfte, ihn bald in seinem zottigen Pelz zauste, daß es eine Lust war. – Als sie es so eine Weile getrieben hatten, ging der Bär wieder aus der Höhle, wälzte aber, bevor er wegging, einen ungeheuren Stein vor die Öffnung, daß unserem Hänschen rein Tor und Tür versperrt war, so gerne er auch hintendrein gewesen wäre.

So ging's eine Zeitlang fort; morgens ging der Bär aus, und mittags kam er wieder nach Hause, wo er denn immer eine schöne Beere oder Blume für sein Pflegesöhnlein mitbrachte, und nachdem er eine Weile mit ihm gespielt hatte, trabte er wieder bis gegen Abend im Walde umher; wälzte aber zu Hänschens großem Verdrusse stets den bösen Stein vor die Öffnung der Höhle. –

Nach und nach war Hänschen nun immer stärker und größer geworden, wozu der Genuß der kräftigen Bärenmilch wahrlich nicht wenig beigetragen hatte; und je stärker und größer er ward, desto verdrießlicher ward ihm der große Stein, der ihm den Weg zu dem schönen, grünen Wald versperrte; und als eines Morgens der alte Bär, wie gewöhnlich, waldeinwärts getrabt war, um sich eine süße Portion Honig oder ein fettes Häschen zur Frühkost zu suchen, da setzte Hänschen mit aller seiner Macht den Rücken gegen den Stein, brachte ihn aber trotz seines Stampfens und Keichens nur ein Kleines von der Stelle; und als nun der alte Bär nach Hause kam, und es gewahrte, daß der Stein verschoben war, da sah er Hänschen gar grimmig an und legte nur noch mehr Steine vor die Tür, als er das nächste Mal die Höhle verließ. So mußte Hänschen sich denn fürs erste in Geduld fassen; denn teils reichten seine Kräfte noch nicht hin, die Steine gänzlich von der Öffnung hinwegzuschieben, teils fürchtete er sich gar sehr vor dem Zorne des Bären, wenn dieser sähe, daß Hänschen trotz aller seiner Pflege einen zweiten Versuch zum Entfliehen machte. Als er aber endlich merkte, daß er groß und stark genug sei, um die Steine alle hinwegstoßen zu können, da hielt er's nicht länger aus: mit aller Macht stemmte er sich, als der Bär seine gewöhnliche Nachmittagsreise angetreten hatte, wieder einmal gegen die Steine – und wer beschreibt die Freude! Knicks, Knacks! ging es, und rechts und links fielen und brachen die großen Steine auseinander. Da stand er nun in Gottes freier Natur, in die er sich so lange hinausgesehnt hatte, und um ihn rauschten die hohen, grünen Bäume und über ihm sangen die muntern Waldvögelein ihre hellen Lieder, daß ihm wohl gar froh und leicht ums Herz gewesen wäre, wenn er sich nicht gefürchtet hätte, der Bär möchte ihn wieder in die Höhle zurückbringen. Deshalb lief er, so schnell ihn die Füße nur tragen wollten, immer der Nase nach vorwärts, bis er endlich an eine Köhlerhütte kam. –

Indessen war es Abend geworden, und der Köhler ruhte mit seiner Frau schon aus nach der Arbeit des Tages; deshalb klopfte Hans, da er noch immer eine große Furcht vor dem Bären hatte, gar gewaltig an die Haustür, und als die guten Leute ihm endlich aufgemacht hatten und nach seinem Begehr fragten, bat er sie inständigst, ihn doch als Knecht in ihre Dienste zu nehmen, und erzählte ihnen seine ganze Geschichte, so weit er selber darum wußte. Der Köhler und seine Frau aber betrachteten ihn mit scharfen Augen, und erkannten gar bald an einem schwarzen Wärzchen, das Hänschen an der linken Schulter hatte, daß der Schutzflehende niemand anders sei, als ihr eignes Söhnlein, das sie vor vielen Jahren auf so wunderbare Weise verloren hatten. – Wer war vergnügter, als Hans, daß er so unvermutet seine lieben Eltern wiedergefunden hatte! Wer war vergnügter, als der Köhler und seine Frau, als sie so unvermutet ihren lieben Sohn wiederfanden, der noch dazu aus einem kleinen Hänschen jetzt ein großer Hans geworden war. –

Als er nun eine geraume Zeit bei ihnen verweilt, und ihnen oft genug seine wunderbare Geschichte vorerzählt hatte, so sehnte er sich endlich in die Fremde, und kündigte eines Tages seinen Eltern an, daß er große Lust hege, sich einmal auf die Wanderschaft zu begeben; und da diese nichts dawider hatten, so schnürte er eines Morgens sein Bündel und ging davon.

Da er sich nun genugsam im Lande umgetan hatte, so ward er des längern Wanderns müde; und als er einst einen großen, stattlichen Bauerhof sahe, so bedachte er sich nicht lange, sondern kehrte alsobald ein und bot dem Hofherrn seine Dienste an. Dieser aber, als er sahe, daß es ein großer und starker Bursche war, fragte ihn nach seinem Namen und nahm ihn als Knecht in sein Haus. Zu derselbigen Zeit waren die Früchte gereift in den Obstgärten; daher ward Hans am andern Morgen in den Garten geschickt, um seines Herrn Obstbäume zu schütteln. Als er aber sein Schütteln anfing, da brach er von den Bäumen die Zweige samt den Früchten herunter, und als sein Herr bald nachher in den Garten trat, um die Arbeit seines neuen Knechtes nachzusehen, da sprach Hans gar treuherzig zu ihm: „Herr, eure Obstbäume müssen wohl gar alt und spröde sein, denn da ich die Früchte schütteln wollte, brachen die Zweige mit herunter!“ Der Herr aber gab ihm böse Worte, daß er ihm seine schönen Bäume verdorben habe; dann schickte er ihn in den Wald, um Holz zu fällen, und gab ihm eine blanke Axt mit auf den Weg. Hans aber warf die Axt bei Seite und suchte sich eine starke eiserne Kette. Als er diese gefunden hatte, ging er, wie ihm befohlen war, in den Wald, befestigte bald an diesen, bald an jenen Baum seine Kette, und riß so einen nach dem andern mit der Wurzel aus, bis gegen Abend sein Herr mit den andern Knechten zu Wagen angefahren kam, um das gefällte Holz nach Hause zu holen. –

Als sie aber sahen, daß der halbe Wald mit der Wurzel aus der Erde gerissen sei, wollten sie schier nicht ihren Augen trauen und fragten einer um den andern: „So sprich uns doch, Hans; wer hat dir solche Leibeskraft gegeben, daß du an einem Tage schaffest, was unsrer zehn nicht in hundert Tagen zu tun vermöchten!“ –

Hans, der bei aller seiner Stärke doch sehr gutherzig und gefällig von Natur war, befriedigte allen ihre Neugier, und erzählte seine Geschichte der Wahrheit gemäß; dann lud er zwei der dicksten Eichbäume auf seine Schultern, und ging gemächlich damit nach Hause. Die andern aber standen noch lange im Walde und suchten vergeblich die ausgerißnen Bäume auf ihre Karren zu laden.

Bald ward die Geschichte weit und breit bekannt, und weil Hans von einem Bären gesäugt und gezogen und dadurch

auch die Stärke eines Bären erhalten hatte, so ward er allenthalben nur *Hans Bär* genannt.
Den Hofherrn und seine Knechte war über eine so unmäßige Leibesstärke ein gewaltiges Fürchten angekommen, weshalb sie den starken Hans auf alle mögliche Weise loszuwerden suchten, was ihnen aber durchaus nicht gelingen wollte. – Da hielten sie heimlich einen bösen Rat und besprachen sich, wie sie den guten Hans Bär ums Leben bringen wollten, damit er ihnen durch seine Stärke nicht noch einmal groß Leids zufüge. –
Nachdem sie sich also beraten, trat eines Tags der Herr auf Hansen zu und sprach: „Siehe, meine Muhme hat mir vertraut, daß ihr Vater in dem Brunnen auf meinem Hofe einen Schatz vergraben habe, und da durch die Hitze das Wasser ausgetrocknet ist, so steige du hinab und grabe danach, ob du ihn finden mögest!" Hans tat, wie ihm befohlen.
Kaum aber war er hinabgestiegen, so kam der Herr mit seinen andern Knechten, und warfen Steine in den Brunnen hinab, indem sie glaubten, ihn so leichtiglich aus dem Wege zu räumen. Hans merkte nun freilich ihre böse Absicht gar wohl, da ihm ihre Steinwürfe aber keine Schmerzen verursachten, so ließ er sie ruhig gewähren. Doch als sie nach und nach wohl einige hundert Steine hinabgeworfen hatten, da riß ihm endlich die Geduld. „So jagt mir doch die Hühner vom Brunnen", rief er ihnen von unten zu, „daß sie mir nicht also den Sand in die Augen streuen, oder ich werde euch nie und nimmer den Schatz aus dem Brunnen herausgraben!"
Als der Herr und seine Knechte solche Reden hörten, erschraken sie sehr; nachdem sie sich aber etwas von ihrem Schrecken erholt hatten, wälzten sie einen großen Mühlenstein zum Brunnen und stürzten ihn hinab. – Nun glaubten sie doch sicher, sich den gefährlichen Hans Bär vom Leibe geschafft zu haben. Aber Hans Bär fing den

Mühlstein auf und steckte seinen Kopf durch das Loch, daß ihm der Stein wie ein Kragen um den Hals hing, und als sie in den Brunnen hinabsahen, um sich seines Todes zu versichern, da rief er ihnen lachend zu: „Was, wollt ihr mich noch gar zum Pfaffen machen, daß ihr mir einen so gewaltigen Priesterkragen um den Hals hänget! Doch jetzt laßt's zu Ende sein mit der Narretei, und zieht mich heraus!“ Und somit schleuderte er den Mühlenstein aus dem Brunnen hervor, daß einer der bösen Knechte darunter begraben wurde. Die andern aber fürchteten sich heftig, und zogen ihn alsobald heraus. Der Herr aber sahe, daß sie viel zu schwach seien, um einem so starken Manne das Leben zu nehmen, und bot ihm schweres Gold, wenn er sich wegen ihres bösen Willens nicht an ihnen rächen, sondern sein Bündel schnüren und das Haus verlassen wolle. – Und Hans, der sich noch weiter in der Welt umsehen wollte, nahm das Gold, schnürte sein Bündel und ging davon.

Als er nun einige Tage marschiert hatte, so hörte er weit und breit gar viel Geredes von der großen Schönheit der Königstochter; zugleich aber vernahm er, wie ein ungeschlachter Riese sie zu seinem Ehgemahl begehre, und wie darüber der König, ihr Vater, gar sehr in Angst und Nöten sei, so daß er jedem, der den Riesen erlege, die Hälfte seines Reichs und seine Tochter zur Gemahlin versprochen habe.

Hans wurde immer neugieriger, die schöne Prinzessin zu sehen. Denn je näher er der Königsstadt kam, desto mehr hörte er von ihrer unvergleichlichen Schönheit und Herzensgüte reden. Endlich war die Stadt erreicht. – Da saß die schöne Königstochter, und schaute aus dem Erkerfenster ihres Schlosses, und weinte gar bittere Tränen, daß ein so abscheulicher Riese sie als sein Ehgemahl hinwegführen sollte. –

Hans war so von ihrem Anblick bezaubert, daß er sogleich bei sich beschloß, den Kampf mit dem Riesen zu bestehn, der schon drei schöne und tapfre Ritter erschlagen hatte, die um die Königsbraut mit ihm zu fechten wagten. Daher ging er alsobald zu einem Waffenschmied, und kaufte sich für das Gold, das er von seinem frühern Herrn empfangen hatte, einen schönen Helm, einen blanken Eisenrock, vor allen Dingen aber ein scharfes, starkes Schwert. So ausgerüstet trat er vor den König, und bat ihn um die Erlaubnis, mit dem Riesen zu kämpfen. Dieser aber gab ihm seinen Segen und versprach ihm seine Tochter und sein halbes Reich, falls er den Riesen erlegen sollte. Als Hans aber hinweggegangen war, da warf sich der gute König auf seine Knie' und betete für seine Seele, denn er glaubte sicherlich, daß auch er, wie die andern drei, seinen Todesstreich empfangen würde. –

Hans suchte indessen den Riesen auf, um ihn zum Zweikampf herauszufodern. Als der ihn kommen sahe, glaubte er wieder gar leichtes Spiel zu haben. Deshalb lehnte er sich gemächlich an einen Baumstamm und höhnte ihm entgegen: „Männlein, bist du vielleicht auch kommen, mir den Hals zu brechen! so versuche doch einmal, bevor du deinen schrecklichen Sarras gegen mich ziehest, wie hoch du mein Schwertlein da von der Erde heben mögest!" Und somit schnallte er sich sein ungeheures Schlachtschwert von der Hüfte und warf es auf den Grund. Als der Riese solches tat, vermeinte er aber, daß Hans, wie die drei andern, es gar nicht vom Boden würde aufheben können. Hans aber hub mit einer Hand das furchtbare Schwert hoch über seinen Kopf, und schleuderte es weit von sich weg, daß es bis an den Griff in die harte Erde hinabfuhr. – Da dachte der Riese bei sich selber: Der ist wohl noch stärker, als du, und redete ihm zu und sprach: „Ich sehe nun gar wohl, daß ich dir Unrecht getan habe, und daß du ein nicht gemeiner Kämpfer bist; deshalb laßt uns Frieden schließen mit einander; denn zwei so wackre Streiter sollten billig als Freunde auseinander scheiden. Siehe, ich gebe dir so viel Gold und Goldeswert, als du nur immer auf drei Wagen hinwegzuführen vermagst. Du aber ziehe deine Wege, und laß mir die schöne Königstochter; denn ich liebe sie mehr, als alles Gold und Edelsteine der Erde.“

Hans aber liebte die schöne Königstochter selber mehr, denn alles Gold und Edelsteine der Erde, ja mehr, denn sein eignes Leben, und hörte nicht darauf, was der Riese sprach, sondern zog alsobald sein Schwert, und der Riese mußte nun das Seinige aus der Erde herausziehn, wohin Hans es so eben geschleudert hatte, Hu, wie da die Schwerter an einander schmetterten, daß die hellen Funken heraussprangen! Doch nicht lange, da trennte Hans mit einem gewaltigen Hiebe den Kopf des Riesen vom Rumpfe, daß von seinem schwarzen Blute rings die grüne Erde bespritzt ward. Darauf nahm er das abgeschlagene Haupt des Riesen als Zeichen seines Sieges mit sich und ging wieder auf das Schloß des Königs, um ihm die frohe Botschaft von dem Tode seines Feindes zu melden und ihn an sein gegebnes Versprechen zu erinnern.

Als der König ihn so in sein Gemach treten sah, so ging er ihm entgegen und umarmte ihn und freute sich mit ihm seines Sieges. Dann sprach er zu ihm: „Komm mit mir mein Sohn, daß ich dich zu der Prinzessin, meiner Tochter, führe und dir die Hälfte meines Reiches abtrete.“ Und als sie nun zu der schönen Königstochter kamen, da freute auch sie sich über den Tod des bösen Riesen und über den schönen Mann, den ihr der König als künftigen Gemahl zuführte. Denn obgleich Hans Bär von großer Leibesstärke war, so war seine Schönheit doch nicht geringer, denn seine Stärke. Daher freute sich die Prinzessin gar sehr eines so schönen Bräutigams, und reichte ihm bald vor dem Altare Herz und Hand. –

Kurz nachher starb der alte König, und nachdem sie ihn feierlich begraben, und Hans nun auch die andre Hälfte des Reichs von seinem Schwiegervater ererbt hatte, fuhr er alsbald mit seiner Gemahlin nach seiner Heimat, um seine Eltern und Geschwister mit sich nach seiner Residenz zu nehmen. –

Wie diese erstaunten, als die große goldne Kutsche vor die niedrige Tür der Köhlerhütte rollte und stille hielt, brauche ich dir wohl nicht erst zu beschreiben! Und als sie nun vollends in dem Könige ihren lieben Sohn Hans erkannten, der ihnen die schöne Prinzessin als ihre Schwiegertochter zuführte, da war gar des Staunens und der Freude kein Ende! Hans aber fuhr mit Eltern und Geschwistern und seinem ganzen Gefolge nach der Bärenhöhle, zu seiner alten Pflegemutter. Und als sie nun nicht weit mehr davon waren, da fingen sie alle an, sich zu fürchten und baten den König umzukehren. Doch er beruhigte sie, und ging, da sie alsbald bei der Höhle angekommen waren, ohne alle Begleitung hinein. – Doch wie erschrak er! – Da lag der gute Bär gar kümmerlich auf seinem Lager hingestreckt und wollte sterben. Denn da er so krank und schwach war, daß er sich selbst keine Speise mehr aus dem Walde holen konnte, so wäre er beinahe den Hungertod gestorben, wenn König Hans nicht noch zur rechten Zeit darüber zugekommen wäre.

Als der Bär seinen Pflegesohn erkannte, wollte er sich aufrichten, um ihm entgegen zu kriechen; doch seine Kräfte versagten ihm und er fiel wieder auf sein Lager zurück. Hans aber rief seinen Dienern zu, ihm Speise und Trank zu bringen; dann setzte er sich zu seinem Bären auf die Streu und streichelte ihn mit seinen Händen und pflegte ihn auf alle Weise. – Und der Bär leckte mit seiner rauhen Zunge die Hände des Königs, und sahe ihn gar freundlich an, als wollte er sagen: „So kommst du doch endlich noch, um mir den letzten Dienst zu erweisen, und ich habe dich doch nicht umsonst gesäugt und gepflegt.“ –

Nach und nach waren alle in die Höhle getreten, und die Königin legte den Kopf des alten Bären auf ihren Schoß,

indem sie ihn mit ihren schönen Händen streichelte und sich, wie ihr Gemahl, auf alle mögliche Weise um ihn beschäftigte.
Doch alles umsonst! Der gute Bär war zu alt und zu schwach, um noch länger leben zu können. –
Nachdem er noch einen dankbaren Blick auf den König und seine schöne Gemahlin geworfen hatte, streckte er seine Glieder aus und verschied. Der König aber weinte um seine alte Pflegemutter und alle waren gar sehr betrübt über den Tod des guten Tieres und standen noch lange an seinem Lager. –
Dann begruben sie ihn unter dem Stamm einer alten Eiche, und fuhren alle nach der Königsstadt zurück, wo Hans Bär, der König, noch viele Jahre mit seiner schönen Gemahlin glücklich und in Frieden regierte. –

[Entwurf zu „Posthuma"]

Sie trug den Tod schon in sich, noch aber war sie jung und schön; doch marmorblaß. Noch reizte sie und wurde noch begehrt; denn der nahende Tod machte sie nur schöner. Sie war leicht, elfenartig, wenn er sie auf dem Schoße hatte, fühlte er keinen Last, nur die Formen des schlanken, ebenmäßigen Körpers.
Sie liebte ihn. Sie tat ihm alles. Nachts im kalten Vorfrühling kam sie zu ihm in den Garten. Sie konnten sich nicht anders sehen. Er liebte sie nicht, er begehrte sie nur, und nahm begierig das ängstliche Feuer von ihren Lippen.
„Wenn ich geschwätzig wär, so könnte ich morgen erzählen, daß ich das schönste Mädchen in der Stadt geküßt habe!"
Sie glaubte nicht, daß er sie für die schönste hielt; sie glaubte auch nicht, daß er schweigen könne. – Sie war in seiner Gewalt; er verführte sie nicht; nicht weil er sie liebte;

es war ihm, als wehre ihm jemand, sie ganz zu besitzen, und das war der Tod.

Acht Tage nach dieser kalten Nacht legte sie sich hin, und zwei Monate darauf war sie gestorben; er hatte sie seitdem nicht wiedergesehn.

Aber mit ihrem Tode ist seine Begierde erloschen; er trägt jetzt schon jahrelang ihr frisches Bild mit sich herum und ist gezwungen, eine Tote zu lieben.

Briefe und Notizen

1. [Anfang 1838] o. O., Th. Storm an Th. Rowohl

Der Empfang Ihres freundlichen Schreibens, meine werte Freundin, hat mir unendliche Freude gemacht; denn ich habe, außer Berthas Augenübel, alles darin gefunden, wie ich es nur wünschen konnte. Sie sagen mir, ich hätte Bertha durch mein Mährlein eine Freude gemacht? – Ich zweifelte hinterher daran; doch wenn Sie es mir sagen, so will ich es zu meiner Beruhigung glauben. – Ich hätte mir das Vergnügen für Vieles nicht versagen können, meine kleine Arbeit in Berthas Hände zu legen; es hat etwas beseligendes für mich, das was ich in meinen unschuldigsten Stunden gedacht u<nd> geschrieben habe, von gläubigen Kinderseelen gelesen zu wissen. Bertha ist aber das einzigste Kind, dem ich mich auf diese Weise mitteilen kann u<nd> mag; denn sie hat gewiß Verstand und Gemüt; beides verlange ich von meinen Freunden, denn der Verstand allein versteht selten, was das Herz spricht.
Doch ich spreche immer von einem Kinde und am Ende ist gar kein's mehr vorhanden. Meine gute Bertha muß es mir nun einmal verzeihen, daß ich das Jahr nicht rechne, worin ich sie nicht gesehen habe.
Den letzten Weihnachten habe ich wieder einmal nach drei Jahren im Kreise der Meinigen zugebracht; meine Geschwister harrten u<nd> horchten, jubelten u<nd> sprangen, wie sonst, der Baum brannte, ich ward freundlich und reichlich beschenkt, wie vor Jahren; allein der Zauber der Kinderwelt war verschwunden; und daß ich dies fühlte, war ein harter Schmerz für mich am heiligen Abend; die Welt die wir in unserm Geiste bauen ist alles: wir streben nach Wahrheit u<nd> die beglückende Täuschung fällt. –

Darum liebe ich die Kinder, weil sie die Welt u<nd> sich selbst noch im schönen Zauberspiegel ihrer Phantasie sehen. –
Sie meinen, ich hätte von Friede etwas gehört – leider nicht; ich muß befürchten, daß sie mir zürnt; wenn dem wirklich so ist, so muß ich Sie dringend bitten, ein gutes Wort für mich einzulegen. Vielleicht hat sie aber auch zu viel zu tun, um zum Ueberfluß noch an mich zu schreiben. – Wenn ich Ostern über Hamburg nach Berlin gehe, so werde ich das Vergnügen haben, Sie alle persönlich zu begrüßen. – Meinen Gruß an Ihre Fräulein Schwester u<nd> Bertha! Sollte Bertha noch in diesem Monat mich mit einigen Worten erfreuen können u<nd> wollen, so ist meine Adresse: Hotel zum König von Dänemark. Anfang April werde ich nach hause reisen, und dann nach drei oder vier Wochen, so Gott will, meine Reise antreten.

Freundschaftlich ThWStorm.

2. 15. 03. 1838 Hamburg, B. v. Buchan an Th. Storm

Hamburg Den 15 März 1838.

Lieber Theodor, es tut mir so sehr leid, Dir, wegen meiner langen Augenkrankheit, nun so spät erst, meinen Dank, für die Freundlichkeit, mit welcher Du meiner gedacht hast, aussprechen zu können; aber früh oder spät, kommt er doch immer aus warmem Herzen. Das hübsche Mährchen hat Mutter mir gleich vorgelesen, da mir meine Augen nicht erlaubten es selbst zu tun, und ich fand mich ganz in Deine Stelle versetzt, indem ich mit gespannter Aufmerksamkeit zugehört habe. Es ist doch ein recht guter Junge, der Hans, daß er niemals Böses mit Bösem vergilt; wenn er da im Brunnen sitzt und sich den Mühlstein als Pastorenkragen überhängt, das ist eine prächtige Szene! Dann hat er so ein dankbar treues Gemüt, das gefällt mir so, daß er immer auch im Glücke die Erinnerung an seine Bärenmutter nicht verloren hat; und daß er den ungeschlachten Riesen tötete, war sehr gescheut, was sollte der mit der schönen Prinzessin anfangen; sie war auch gegen die alte Bärin so freundlich liebevoll wie gegen Hansens Eltern, kurz, lieber Theodor, Dein Mährchen ist hübsch und erbaulich, habe Du auch noch recht vielen Dank dafür.

Du bist aber doch eigentlich ein schlechtes Stück, mir zuzutrauen Jemanden in einem so kleinen Zeitraum von 365 Tagen vergessen zu können, nein, im Gegenteil, es ist mir als wärest Du erst vor einigen Tagen abgereist; auch erzählen wir uns noch oft von dem merkwürdigen Gespenst, was bei Dir war, Deinem verbrannten Fuß und der Tanzwut die ihm so schlecht bekam, von Gesange und Taschenspieler–Künste. Es wäre doch recht nett wenn Du Ostern kämst, dann wollten wir wieder recht vergnügt sein und tanzen denn ich tanze jetzt auch sehr gerne, kannst Du es nicht so einrichten? Du wirst wohl schon von Tante Scherff erfahren haben, lieber Theodor, daß wir den Weihnachtsabend nicht bei ihnen waren, teils weil sie allein sein wollten teils weil wir auch Besuch hatten, nämlich meinen lieben Vater, der seit sieben Jahren dies schöne Fest nicht mit mir gefeiert hatte.

Es ist doch eigentlich sehr sonderbar, vor Weihnachten war mir immer, als wünschte ich das Fest mit Vater im Hause zu feiern, um mich so recht seiner Gegenwart freuen zu können, und dann dachte ich wieder: wer weiß, ob die gute Madame Alsen das Fest nach einem Jahre noch erlebt, und dann dachte ich daran wie froh wir das Jahr vorher waren und möchte es gerne noch einmal mit ihr zusammen feiern; aber da wollte der liebe Gott es anders,

und nahm sie so schnell von uns zu Sich. Wie waren wir doch vergnügt, damals als Du auch da warest! wer hätte es wohl geahnt daß es nach einem Jahre dorten so verändert sein würde! –
Aber wie der Mensch das Traurige sehr leicht vergißt, so waren wir denn auch in unserer neuen Freude sehr vergnügt; wir beschenkten uns gegenseitig mit vielerlei schönen Sachen, wovon die Meinigen mir viele Freude machten. Hast Du auch schon einige Duelle bestanden und von den enorm großen Pflastern gebraucht? wenn das ist, so hast Du wohl kaum noch davon. Mein Brief wird Dir wohl schon zu lang, lieber Theodor, aber es ist nun einmal nicht zu ändern, lang ist er, aber [Textverlust] aus. Hast Du einmal Lust und Zeit so schreibe mir wieder. Viele freundliche Grüße von Mutter und Jette. Lebe wohl, lieber Theodor, und vergiß nicht Deine Freundin

Bertha von Buchan.

3. 07. 10. 1839 Hamburg, B. v. Buchan an Th. Storm

Hamburg d. 7$^{\underline{ten}}$ Oct: 1839.

Mein lieber Theodor, Du hast zwar versprochen, mir zuerst wieder zu schreiben, indessen da Mutter Dir Dein, bei uns vergessenes, Manuskript nach zu schicken gedenkt, so benutze ich die Gelegenheit Dir ein paar freundliche Zeilen beizulegen.
Die Beantwortung Deines Briefes übergehe ich, denn der Mund ist und bleibt doch immer die beste Feder, und den haben wir ja fleißig gebraucht. Schade daß Du es bei Tante Scherff gerade so schlecht trafst als Du hier warst, – doch weiß ich von der einen Seite nicht, ob ich es schade nennen

soll, denn wir hatten dadurch so viel mehr gut von Dir. Nach Deiner Abreise sind wir schon wieder einmal bei Scherffs gewesen, wo wir Tante Friede recht unwohl fanden; als sie aber vergangenen Sonnabend zu uns kam, war sie ganz flott; sie erwartet stark einen Brief von Dir.
Vergiß auch nicht mir das versprochene Rätsel zu schicken, lieber Theodor, ich werde es gewiß besser in Ehren halten wie das andere, aber bitte schreib es nicht im Briefe, sondern auf ein einzelnes Blättchen.
Wo gedenkst Du denn das Weihnachtsfest hinzubringen? Diese Frage mag Dir, so früh, vielleicht sonderbar klingen, mein Freund, aber sie entsteht aus dem Verlangen Dich bei uns zu sehen, und so magst Du sie denn wohl entschuldigen. Die Hoffnung, meinen lieben Vater dieses Jahr hier zu haben, muß ich leider aufgeben, daher will ich mich darauf freuen daß Du vielleicht kommst.
Es liegt eigentlich zu kurze Zeit zwischen Deinem Hiersein und meinem Schreiben, lieber Theodor, als daß ich einen langen Brief, mit etwas Besserem als Geschwätz, ausfüllen könnte, um das nun zu vermeiden will ich Dich lieber bitten, mit diesen wenigen Zeilen vorlieb zu nehmen. Das ist nun wieder ein Vorteil bei dem langen Schweigen, daß man doch gewöhnlich dann etwas Interessantes zu berichten <hat>; man könnte hier mit einiger Veränderung beinahe das Sprichwort „was lange dauert wird gut" anwenden; wenn ich Dich also noch lange warten ließe, so dürftest Du hoffen recht reichlich dafür belohnt zu werden. Das ist doch gewiß schön ausgeführt! Du machst es mir nicht nach. Ja, ja, wundere Dich nur über mein Genie; – aber nun ists auch aus damit, mein alter Kopf ist ganz leer, und eignet sich am besten zum Lebewohl. Viele freundliche Grüße von Mutter Jette und

Deiner Bertha.

4. 11. 08. 1840 Hamburg, Th. Rowohl an Th. Storm

Hamburg d. 11. August 1840.

Wenn Ihnen diese Blätter erst freundlich Dank bringen für Ihren lieben Brief vom 20. Juni, mein guter Theodor, so werden Sie deswegen doch gewiß sich überzeugt fühlen daß ich Freude daran hatte – es lag mehr in meiner trüben Gemütsstimmung als an Empfänglichkeit für jeden angenehmen Eindruck der Außenwelt, den mein Inneres stets aufzufassen vermag, daß ich erst jetzt Ihnen sage wie froh und vergnügt mich der Inhalt Ihrer Zeilen stimmte – nehmen Sie denn nun recht freundlichen Dank dafür hin! –
Es war ein unerwartet trauriges Ereignis, welches so störend in unsern nächsten schönen Hoffnungen eingriff, und welches in mein Gemüt ein ganz eigentümliches Weh senkte, mir selbst fast unbegreiflich waren alle Schwierigkeiten und Hindernisse, alle häuslichen Sorgen überwunden, und ein schönes Wiedersehen geliebter Menschen in ihrer schönen Heimat winkte mir wachend und träumend entgegen – auch das Zusammentreffen mit Ihnen, mein guter Theodor, machte einen höchst freundlichen Abschnitt in meinen Phantasien – es war ja denn ein schön geträumter Traum, und nicht undankbar bin ich der gütigen Vorsehung daß ich ihn träumen durfte, denn ich verlebte doch süße Stunden in schönen Hoffnungen und Erwartungen.
Anders stellt das Leben oft die Leiden und Freuden die wir kurzsichtigen Menschen fürchten und hoffen, und nur in kindlichem Vertrauen, Entsagen, Glauben und Hoffen wird uns in Liebe nur von Oben die bessere Kraft und Ausdauer bewahrt.
Wie viel verliert mein Berthakind an dieser verfehlten Reise! Sie, die wirklich so viel Empfänglichkeit für Naturschönheit hat, hätte eine reiche Ausbeute für Phantasie

und Gemüt gemacht! – Und dennoch läßt ihr kindlicher Sinn und die Unkenntnis jener paradiesischen Gegend nicht tiefen Kummer darüber bei ihr aufkommen, es bewegte ihr Herz doch noch mehr, hoffe ich, der unendliche Schmerz, den die Familie, namentlich für sie die Töchter, in dem Verlust des trefflichen Vaters fühlen – Sie, Theodor, kannten ihn nicht, den verstorbenen Warnstädt, nicht den unschätzbaren Wert dieses reichen edlen Gemüts, drum ist er Ihnen ausgeschieden wie so viele andere Tausende, mit der Ausnahme, daß auch Ihnen dadurch eine kleine Erdenfreude gekürzt ward – aber wer ihm gemütlich näher stand, wird stets sein Andenken bewahren bis zum schönen Wiedersehen im – Jenseits –
Es ist richtiger mein Schreiben abzubrechen, lieber Theodor, denn zu ernst könnte das Gepräge werden; ein Brieflein von Kind Bertha in kindisch frohem Mute wird wohl ausgleichen, denke ich. Sie sitzt gleich mir am Schreibepulte, – Tante Schicht hat es klug gemacht, hat sich und ihren Schülerinnen drei Wochen Ferien gegeben und sich selbst mobil dazu – Balde sind die schönen Tage von Aranjuez vorüber, und das alltägliche Getreibe beginnt wieder – Für Kind Bertha wird die Schulstubenluft aber nicht leicht zu drückend, nur zu oft entläuft sie ihr – Jetzt tönt die Musik etwas mehr in ihrem Innern, sie gleitet nicht so ganz im äußeren Laut vorüber – und ist im Herzen erst Harmonie einheimisch, so haucht der Mund sie auch wohl wieder aus –
Wie gerne hätte ich in dieser letzten Zeit ihrem Gesange zugehört, mein lieber Storm, eine reine menschliche Stimme spricht so eigentümlich beschwichtigend zum Herzen und wenn sich das Auge auch in Tränen füllt, lebt doch ein stiller Friede im Gemüte dann –
Bei Scherffs steht alles beim Alten, unsere arme gute Friede hat schmerzlich es empfunden zum zweitenmal eine große Freude in einer so schön projektierten Reise

aufgeben zu müssen – Doch dieses Jahr ist die Veranlassung noch um so viel betrübender – gewiß hat sie an Sie geschrieben? – noch will ich Ihnen sagen daß ich sehr oft Ihrer gedacht, oft mit meiner Schwester von Ihnen gesprochen, und ein wehmütig Gefühl in den Gedanken nicht unterdrücken konnte, daß auch Ihnen in dieser Täuschung des Wiedersehens eine schöne Freude verlorenging – Nun, im Wechsel des Lebens erblüht auch eigene Lust, und die frische Jugend flicht sich neue Kränze – Grüße von meiner Schwester, die herzlichsten, wie von mir – Leben Sie wohl,

Therese Rowohl.

5. 11. 08. 1840 Hamburg, B. v. Buchan an Th. Storm

Hamburg d. 11ten Aug: 1840.

Wir haben einmal einen schönen Traum gehabt, liebster Theodor, und warum durfte er sich denn nicht verwirklichen? Solche Fragen sollten freilich nicht in uns aufkommen – sie zu unterdrücken ist oft so schwer. Es war wirklich ein herrlicher Traum! – Ich hätte so gerne eine Zeitlang mit den lieben Warnstädts verlebt; hätte so gerne ihr schönes Loitmarck – so gerne Dich und Dein Kiel gesehen; aber Gott hat anders darüber verfügt und was Er uns hat auferlegt zu tragen, ist doch nichts gegen den Kummer einen so innig geliebten Vater zu verlieren, und doch haben sie mit Ergebung diesen harten Schlag getragen. Gewiß hast Du auch erfahren, daß 9 Tage nach dem Tode des Vaters, sie auch dem Onkel zu Grabe gefolgt sind. Die Söhne haben sich alle um die, ihnen noch zurückgebliebene Mutter versammelt. Heinrich ist schon wieder nach Lüneburg; der Leutnant Franz wird in diesen Tagen bei

Scherff's erwartet; dieses Mal werden wir ihn wohl nicht sehen; bei der Hinreise führte Onkel Scherff uns die beiden Brüder vor.
Für dieses Jahr sind nun wohl gewiß alle Aussichten zu unserer Reise vorbei, lieber Theodor, und so greife ich denn langsam und zögernd zur Feder; wie kommt sie mir doch so gering vor, diese Aushilfe, wie ist doch ein stummer Brief nichts gegen die Worte die man mit eigenen Ohren hört, und kann dabei dem Redenden in die freundlichen Augen sehen, und doch ist es schön ein Mittel zu haben, sich auch in der Ferne mit einander unterhalten zu können.
Laß uns nun unserer getäuschten Hoffnung vergessen, lieber Theodor; laß uns ein anderes schönes Ziel ins Auge fassen und uns so lange daran freuen, bis wir es erreicht haben, oder es uns entrückt wird. Setzen wir uns z. B.: Daß Du in Deinen Michaelis-Ferien, mit Deinen Eltern und Geschwistern, auf einige Tage nach Hamburg kämest; – wie gefiele Dir das? Noch einen freundlichen Dank für die niedlichen Verse, die Du mir geschrieben hast; auch den wollte ich Dir mündlich in Kiel bringen.
Diese letzten 14 Tage hätte ich Dich gerne hier gehabt; Tante Schicht war verreist; da hätten wir das schöne Wetter recht benutzen können! Jetzt habe ich mehr Lust zur Musik; ich habe mir ein paar kleine Lieder abgeschrieben, die Dir gewiß gefallen würden; ich will doch gerne sehen ob ich wohl einige reine Töne in der Kehle habe. Nun leb' wohl, mein Theodor, schreibe mir bald wie Du über meinen Plan urteilest.
Wenn Du mich schon einmal lieb gehabt hast, so bitte ich Dich auch ferner damit fortzufahren; ich werde desgleichen tun.

Deine Bertha.

6. 15. 10. 1840 Hamburg, B. v. Buchan an Th. Storm

Hamburg d. 15ten Oct 1840

Mein lieber Theodor, seit länger als drei Wochen lag Mutter still zu Bette am rheumatischen Fieber, daher hat Jette ihr gestern erst Deinen Brief gegeben; Mutter hat Freude davon gehabt und so soll ich Dir freundlich ihren Dank aussprechen, beantworten will sie ihn Dir mündlich. Mutter gab auch mir Deinen Brief zu lesen und ich habe auch Freude daran gehabt, besonders an der ersten Seite.

Übrigens muß wohl nichts dran sein, was die Dichter schwatzen, daß die Gedanken sich begegnen, sonst hättest Du notwendig meinen Glückwunsch zu Deinem Geburtstage empfinden müssen, da ich es Mutter aussprach. Auf Deinen letzten freundlichen Brief wäre ich Dir wohl eigentlich eine Antwort schuldig; aber es wird nur wenig werden, doch daß mir sein Inhalt höchst interessant war will ich Dir doch sagen. Fast sollte ich Dir wohl Abbitte tun, für mein unglücklich gewähltes Wort, aber es scheint daß Du am Schlusse Deines Sermons mir schon zur Verzeihung die Hand reichst; daher brechen wir das Kapitel ab. Dein letztes Gedicht findet Mutter dichterisch schön, und ohne es beurteilen zu wollen mag ich es auch recht gerne.

Was Du mir über meine Lust zum Gesang schreibst, ist wohl ganz richtig meint Mutter; verraucht ist die Lust nicht, aber viel habe ich zwar noch nicht vorgebracht; ich habe einige kleine Lieder, die Dir gewiß gefallen werden, sie sind einfach aber melodisch. Seit einigen Tagen darf ich erst wieder üben und Stunde nehmen; während acht Tagen konnte Mutter es nicht vertragen.

Was ich Dir weiter schreiben möchte das kann ich Dir ja balde mündlich sagen – mündliche Unterhaltung geht doch weit über die briefliche; komme nicht zu früh, damit

Mutter kräftiger ist, und verweile recht lange daß wir gut von einander haben. Mutter und Jette grüßen Dich und Deine Mutter sehr freundlich. Nun lebe wohl; auf Wiedersehen (hoffentlich kein trügliches Wort) mein lieber Theodor und behalte lieb Deine

Bertha.

Den Brief Deiner Mutter habe ich an Tante Schicht abgeliefert.
Danke Deiner lieben Mutter für die Grüße die sie mir freundlich geschickt.

7. 15. 11. 1840 Hamburg, B. v. Buchan an Th. Storm

Hamburg d. 15$^{\underline{ten}}$ Nov: 1840

Mein lieber Theodor, recht vielen Dank für die treue und hübsche Ausführung, soll ich Dir von Mutter sagen; sie glaubt, daß es Dir Freude machen wird, zu hören, daß sie in meiner Rolle gar nichts geändert hat; aber in dem Satze, wo das „Eia popeia“ drin vorkommt, hat sie sich die Freiheit genommen, einiges auszulassen und ab zu ändern; ich danke Dir aber noch ganz besonders für meine Rolle, die Worte sind so sehr hübsch! Eduard Ahl führt seine Rolle über meine Erwartung gut aus; wir haben schon in der vorigen Woche Probe gemacht; Mutter sagt wir müssen es oft schlecht machen, damit es nachdem gut werde. – Unsere Anzüge sind schon gemietet, sie sind recht nett und wir hoffen daß wir einen guten Eindruck machen werden. Mutter hat mir gesagt, Du wolltest keine Masken für uns haben; allein das ist mir ganz unumgänglich notwendig, die Dichtung würde sehr verlieren denn ich könnte, wäre ich erkannt, nimmer ungeniert sprechen, und den richtigen Ausdruck einlegen. Wenn dieser wichtige Zeitpunkt vorüber ist, will ich Dir Nachricht geben, wie Dein Werk gefallen hat; ich wollte erst mit meiner Antwort so lange warten, denn wir glaubten, die Hochzeit würde bald sein; nun ist sie aber auf Ende Nov<ember> oder Anfang Dec<ember> angesetzt; und da kam es mir doch vor, *als wäre es nicht freundlich von mir gewesen, hätte ich Dich so lange warten lassen.*

Unser Doctor hat mich jetzt noch mehr auf Gefangenkost gesetzt, indem er mir verboten hat Butter zu essen, aber ich nehme das nicht sehr genau. Erst seitdem Du darüber gesprochen hast, achtet Mutter darauf, und ich habe schon lange dieses Gefühl im Halse gehabt.

Tante Scherff hat ihre Noten schon wieder abgeholt; aber die Melodie des Bairischen Liedes ist mir noch ganz fest in Gedanken, auch werden zuweilen einige Töne davon laut bei mir; namentlich das Ende.

Wenn ich jetzt so allein bei meinen Weihnachtsarbeiten sitze, so habe ich oft ein großes Verlangen nach Dir, mir scheint es, als hätte ich Dich so sehr viel zu fragen, und Dir zu erzählen, aber ich glaube wenn Du nun bei mir säßest, so würde doch nichts daraus werden; unsere Unterhaltung würde sich dann wie gewöhnlich aufs Denken erstrecken.

Nun will ich Dir noch am Schlusse meines Briefes einen Vorschlag machen; zu Neujahr zieht ja bei Scherffs der Hauslehrer ein, und occupirt die Zimmer, die sonst für Besuch frei waren; dann ist an ein Zusammensein für uns dort nicht mehr zu denken; vor Neujahr kommt aber noch das Weihnachtsfest; – wenn Du nun Deinem Papa dies einmal vorstelltest und ihn bearbeitetest daß Du anstatt Ostern, Weihnachten zu uns kämest, und anstatt Weihnachten, Ostern zu Deinen Eltern gingest. Wenn das etwas dazu beitragen kann, so bringe Deinem Papa unbekannter Weise, auch von mir eine Bitte darum. – Ich denke mir das müßte eine recht gemütliche Zeit für uns sein! –

Mutter grüßt Dich freundlich; aber sie treibt mich zu schließen.

Deine Bertha.

8. 31. 12. 1840 Hamburg, B. v. Buchan an Th. Storm

Hamburg d. 31sten Dec 1840

Lieber Theodor, glaube nur nicht, daß Deine freundliche Gabe ihren Eindruck verfehlt habe, weil ich so lange schweigen konnte; nein, gewiß ich habe große Freude an den alemannischen, wie an Deinem Gedichte; zwar zierte es nicht meinen Weihnachtstisch, denn ich empfing dieses Christgeschenk erst am Abend des ersten Weihnachtstages von Tante Scherff, als einige Freunde dort versammelt waren. Deine Gaben waren mir ebenso angenehm als überraschend; ich führte Deine eigenen Geistesprodukte gleich abseiten, wenn schon ich den Hebel als Allgemeingut zurück ließ. – Dich krank oder unwohl zu wissen, tut mir sehr leid, zumal in einer Zeit wo Alles sich der Freude so gerne ungetrübt hingibt; aber ich hoffe mit einiger Sicherheit Du wirst mit frohem Mut und frischen Lebenskräften ins neue Jahr eingehen – und so nimm denn auch von mir, am letzten Tage des entscheidenden, die herzlichsten, freundlichsten Grüße und Wünsche zum neu beginnenden Jahre.
Dein Weihnachtsgruß hat mir sehr viel Vergnügen gemacht; Du hast das Bild der unschuldigen Kindheit mit so treuen Farben geschildert, daß ich nur wünschen kann, es bliebe immer Gegenwart. – In den alemannischen Gedichten habe ich auch schon etwas studirt; ich verstehe meist alles, aber vorlesen könnte ich sie nicht, dann müßte ich mich selbst auslachen. Die Skizzen sind ganz allerliebst; man versteht darin die Handlung wie die Gefühle.

Das Christkind ist mir auch sonst dies Jahr sehr hold gewesen; ich habe sehr viel schöne Sachen bekommen, die ich Dir nicht alle nennen will; nur eins: ein Kasten voll schönem, elegantem Papier, wovon Du hier eine Probe erhälst; auf dem Kasten aber ist ein wunderschönes Bild, was Dich, wenn Du es sähest, zu einer Dichtung anfeuern könnte.

Nun soll ich Dir wohl noch einen kleinen Bericht geben, wie wir Deine Dichtung am Polterabend ausgeführt haben. Es ging alles sehr glücklich ab, wir haben Dir keine Unehre gemacht! Mutter hat vorher einige Erkundigungen eingezogen, und so wußten wir, daß sich die Geschwister es vorbehielten zuerst zu reden; wir trafen es ganz nach unserem Wunsche, so glücklich, daß wir gleich nach ihnen auftraten, und so nichts von den anderen Aufführungen verloren. Es kamen noch viele hübsche Sachen vor, z. B. was mir am meisten gefallen hat, die vier Elemente, die ihre Dienste dem jungen Paare anboten; ich habe es mir abgeschrieben, und ich glaube, Du würdest auch Freude haben es zu lesen. Aber von unseren Worten waren alle ganz entzückt; ich habe sie der Braut gegen Eintausch der Elemente geben müssen, hoffend daß es Dir nicht unangenehm sein würde.

Scherffs erwarten nun ihren Hauslehrer; da wird es wohl zu Ende sein mit unseren dortigen Weihnachtsfreuden; es tut mir leid, denn mir scheint ein so allgemeines Freudenfest, feiert sich lebendiger im Kreise mehrerer Freunde, zumal wenn sich die Erinnerung der Kindheit daran reihen; – aber ich weiß auch daß es in unserem kleinen häuslichen Bezirk gut sein wird – Weihnacht ist ja überall schön, wenn nur der liebe Christbaum, Gesundheit und Zufriedenheit im Herzen, dabei sind.

Auch habe ich Dir noch keinen Dank für Deinen vorletzten Brief und die darin eingelegten Verse ausgesprochen, aber es ward mir vor Weihnachten unmöglich, einen fried-

lichen Augenblick dazu zu finden; nimm nun den ausgesprochenen Dank, den ich stumm im Herzen bis dahin bewahrte. – Mit allen meinen Arbeiten bin ich fertig geworden, bis auf ein Lampenbricken für Tante Scherff.
Nun lebe wohl, lieber Theodor, nimm meine herzlichsten Wünsche für Dein Glück und Wohl mit ins neue Jahr hinüber, und gedenke meiner freundlich.

Deine Bertha.

9. 31. 01. 1841 Kiel, Th. Storm an B. v. Buchan

Nun, mein herzliebes Blümelein, wenn mein Geburtstagscarmen zu unrechter Zeit geschrieben ist, so ist's nicht meine Schuld; denn Du selbst hast mir einmal gesagt, er fiele auf den 1st. Februar; und ich werde daher diesen Montag Deinen Geburtstag feiern; womit? das weiß ich freilich noch nicht so recht. Wenns Wetter gut ist, werde ich einen großen Spaziergang machen, und im Sonnenschein rückwärts über die Felder nach der Stadt zurückschauen; wenn's aber schneit und stürmt, so will ich meinen Ofen heizen, und einen lange Dämmerstunde in die roten Kohlen schauen.
Wir haben seit meinem letzten Briefe Weihnacht und Neujahr gehabt, was ich ja alles, wie schon besagt u<nd> beklagt, hier in Kiel verleben mußte. Indes hatten wir sechs Husumer doch einen Weihnachtsabend, wovon ich Dir wenigstens etwas erzählen will, da das Ganze bei mir gewiß bleibend einen freundlichen Eindruck zurücklassen wird. Ich mit noch einem Freunde arrangierte das Ganze mit aller möglichen Heimlichkeit vor den andern; in einem großen hohen Zimmer stellten wir eine prachtvolle 8 Fuß hohe Tanne auf, schmückten sie reichlich mit goldenen Äpfeln, Eiern, Netzen, Zuckerzeug und vielen bunten

Lichtern; von der Spitze zu jeder Seite herab hängen zwei lange weißseidene Fahnen, auf der einen die Wappen von Schleswig und Holstein, darunter einen Königsspruch, der die bleibende Vereinigung dieser beiden Herzogtümer ausspricht: „wi laven dat Sleswik und Holsten bliven ewig tosamende ungedeelt!" – auf der andern Fahne das Husumer Stadtwappen, als Umschrift einen Vers aus einem alten Studentenliede: „Süßer Traum der Kinderjahre, kehr noch einmal uns zurück." – Für die Gesamtbeiträge wurde für jeden 1 Geschenk gekauft, außerdem wurden gegenseitig an uns als Kommission manche Privatgeschenke abgeliefert, ferner hatte ich von den Eltern, Geschwistern, Bräuten der Andern alle zum Weihnachtsabend bestimmten Geschenke an mich schicken lassen. Das alles stellten wir auf großen Tischen um den Weihnachtsbaum, und nachdem wir alle Lichter angezündet hatten, riefen wir die ungeduldigen Kinder zum Christfest. Unsre Einrichtung verfehlte ihren Zweck nicht. So rasch sie bis zur Tür stürmten, so langsam gingen sie hinein; denn der Christbaum ist ein brennendes Geheimnis! Ich sah es wohl, ihre Herzen waren in der Stunde, wie die der Kinder. Engel knieten an der Schwelle, hütend bei dem frommen Schein; von den Lippen klang es helle; nur die Kinder gehen ein! So blieb die Stimmung den ganzen Abend; wir freuten uns stundenlang am Baum, an den Geschenken, an den guten Einfällen, die dabei vorkamen; kein leichtsinniges Wort hätten wir geduldet. Bei Tisch brachten wir das erste Glas allen unsern Lieben in der Ferne, das zweite der bleibenden Vereinigung unseres Vaterlandes in den beiden Herzogtümern, das dritte unserer Vereinigung. Um 1 Uhr ging jeder mit seinen Geschenken beladen nach Haus, die bei Allen noch manchen Tag auf dem Tische zur Schau standen.

Du lobst mir Deinen Weihnachten, ohne mir Deine Geschenke zu nennen; es ist auch viel vergnüglicher derglei-

chen zu sehen, als aufrechnen zu hören, und Ostern will ich mir alles von Dir zeigen lassen; auch das schöne Bild auf Deinem Papierkasten, was mich, wie Du meinst zu einem Gedicht begeistern könnte. Wenn ich nun auch eine so große Wirkung eines bloßen Bildes auf mich bezweifeln muß, so hat's mich doch neugierig gemacht.
Mir hat man unter andern Chamissos Gedichte geschenkt, wovon ich Dir eins mitteilen will, was mir jetzt immer im Sinn liegt. Es heißt:

Der Kranke.
(Nach Millevoye)

Sei mir gegrüßt, o mein geliebter Wald!
Du Schauplatz meiner Kindheit froher Spiele,
Zum letzten Mal gegrüßt. Ich scheide bald –
So jung annoch und schon am letzten Ziele!

Dein Laub wird gelb und gelber, fällt schon ab,
Ich seh' es wohl und fühle mich gebrochen,
Und blicke trauernd in mein frühes Grab.
Im Sommer hat der Arzt zu mir gesprochen:

Es prangt der Wald im grünen Schmuck noch heut,
Du siehst ihn bald sich einmal noch entfärben,
Und wann der Herbst sein falbes Laub verstreut,
So mußt Du, Frühverwelkter, selber sterben.

Es ist ein Gestern worden, unerhört!
Das heut', wo du im grünen Schmuck gepranget;
Herbst ist's. Es fällt dein Laub, wie sich's gehört,
Und mahnt mich, daß der Tod nach mir verlanget.

O falle Laub! Ich kenne ja mein Loos,
Zu sterben ohne noch gelebt zu haben!
Sie werden klanglos bald und namenlos
Am Fuße dieser Eiche mich begraben.

O falle Laub! Dem Aug' entziehe du
Der Mutter, die mit Schmerzen mich geboren,
Die schmerzlich stille Stätte meiner Ruh'!
Sie hat die Hoffnung unerfüllt verloren.

Wenn aber Eine kommt, die ich gemeint,
Und sucht den kleinen Platz in Waldesräumen,
Und auf den Hügel sie sich wirft und weint,
O rausche Laub! Ich werde von ihr träumen. –

Er lieget nun am Fuß der Eiche dort,
Nicht aber ist, die er gemeint, gekommen;
Es überdeckten Laub und Schnee den Ort,
Und weit umher wird nur das Wild vernommen.

Den Neujahrsabend beging ich einfacher; des Jahres letzte Stunde hörte ich im Bette schlagen; doch überhörte ich in ihr nicht die erste Mahnung an Vergangenheit und Zukunft, und vergaß nicht, was mir das alte Jahr gebracht hatte. Wäre ich zu Hause gewesen, so hätte ich Johann Heinrich Voß's „Des Jahres letzte Stunde ertönt mit ernstem Schlag" meinem Vater und den andern unsrer Familie vorsingen müssen; wie ich's immer, wenn ich zu Hause gewesen, getan habe. Du kennst doch das alte Lied! Es ist so schön, so fromm und stimmt hinreißend alle Herzen zur Andacht. Wenn sein Dichter das ganze Jahr hindurch vergessen wäre, in jeder Jahresstunde würde dies unvergeßliche Lied seine größte Totenfeier hervorrufen. Mit ungeheurer lyrischer Gewalt zwingt es uns die Gedanken an

Tod undd Vergänglichkeit auf; doch mit den versöhnenden Worten: „Der gute Mensch nur schließet die Augen ruhig zu“ uns beruhigend, schließt er sein schönes Lied mit dem schlichten, aber großen Wunsche: „Klingt an! und gut sein immerdar, sei unser Wunsch zum neuen Jahr!“ – und so geschehe es!

Sieh nur, mein gutes Herz, es liegt in diesem Vergänglichkeitsgedanken, der wohl jeden in der letzten Jahresstunde erfaßt, etwas ungeheures, wovor unsre Seele erschrickt. Denke Dir nur, wie nach wenigen Jahren das ganze lebende Geschlecht von der Erde getilgt sein wird, wie dann alle, die jetzt so eifrig sich regen und mühen, dann so stille schlafen werden mit allem, was sie liebten und litten; und über unsrer Ruhestätte lebt ein neues Geschlecht, und strebt und leidet, und liebt und stirbt; und wieder neue Menschen füllen die Erde; doch, siehst Du, die alte Liebe geht von Geschlecht zu Geschlecht und ist das Band zwischen Lebenden und Todten; denn die Sterbenden sind die Kinder der Gestorbenen und die Eltern der Geborenen. Aber wir streben vergeblich gegen die Macht der Vergessenheit; sie liegt schon tief über Jahrtausende. Nur so lang nach meinem Tode möchte ich leben, als die, die ich geliebt, die mich geliebt. Dann laß mich vergessen sein mit den Millionen der Erschaffenen, denen wie mir Freude und Leid das Herz bewegt hat, und die verschollen sind bis auf den letzten Klang ihres Namens. Nur einzelne Namen, durch ihre Größe berechtigt und dauerhafter als die andern, ragen aus dem unendlichen Schutte hervor, wie die Türme einer versunkenen Stadt. –

Das waren ungefähr meine Gedanken in der Neujahrsnacht. Sie sind ernst; und ich zweifle nicht, daß Du Deine Augen leichter geschlossen hast, als ich.

Übrigens sehe ich schon, daß ich, wenn ich beim Schreiben bleibe, von diesem Thema nicht wieder loskommen werde; daher sage ich Dir für heute „Gute Nacht!“

Ich kann die Feder nicht wieder ansetzen, ohne Dich vorerst noch einmal um Vorsicht bei Deinem Halsübel zu bitten. Bei mir war's diesen Winter einmal so gut, daß ich ohne Beschwerde in den musikalischen Abendunterhaltungen gesungen habe; jetzt ist es seit mehreren Wochen durch eine Erkältung in alter Stärke zurückgekehrt, so daß ich neulich die lockende Auffodrung des bekannten Violoncellisten Kellermann, in seinem Konzerte etwas vorzutragen – wie das hier von den besten Dilettanten geschieht – ausschlagen mußte. Aber es macht mich auch oft matt und untüchtig zur Arbeit; daher, bitte, nimm Dich recht sehr in Acht!

Neulich war ich in einer Gesellschaft beim Etatsrat Nissen; die Tochter trägt Deinen lieben Namen, ist dabei aber blond und unerlaubt häßlich. Das alles ist durchaus nicht auffallend; aber jetzt kommt's! An ihrem Halse trug diese blonde häßliche Bertha am schmalen schwarzen Sammetbande ganz genau auf ein Haar Dein kleines Goldherzchen! Im ersten Augenblick dachte ich, sie hätte es Dir gestohlen; da es aber ein Mädchen war, so beruhigte ich mich doch dabei.

Beiläufig muß ich Dir einen Kindereinfall mitteilen, der mir gestern unter die Hände geriet.

Vor der Bäckerbude meines Philisters kam ein Mann um Brod zu kaufen, seinen kleinen Buben an der Hand. Die Tochter vom Hause gibt dem Kleinen *zwei Pfeffernüsse* (wie man sagt) „auf zu“; und wie nun der Vater den Knaben zum Danken ermahnt mit den Worten: „Wat segst du nu ock?“ so antwortet das Büblein: „Dat sind man wenig!“ – Das Geschichtlein ist wirklich *so niedlich*, daß es verdient, weitererzählt zu werden.

Daß mein Polterabendgedicht gefallen, ist mir lieb, noch lieber, daß Du gefallen hast. Wenn ich Ostern bei Euch bin muß ich doch das Vergnügen haben, mein Gedicht einmal aus Deinem Munde zu hören; dann wollen wir auch die

„Elemente“ zusammen lesen. Bete nur um den Frühling!

Tausend Grüße an Deine gute Mutter!

Dein Theodor

Kiel, d. 31 Jan 1841.

10. 14. 03. 1841 Hamburg, B. v. Buchan an Th. Storm

Hamburg d. 14ten März 1841.

Mein lieber Theodor,
Zürne mir, schelte mich, nenne mich unhöflich, ja sogar unfreundlich, nur glaube niemals ich sei undankbar und unempfänglich für Freundlichkeit und ausgesprochene Teilnahme – weiß ich doch jetzt selbst kaum wie ein so langer Zeitraum sich zwischen Deine liebe Geburtstagsgabe und meinen Dank drängen konnte! Aber Gott weiß wie das zugeht; Tage reihen sich an Tage, werden zu Wochen, selbst Monaten, und oft kann ich nicht begreifen wie so schnell die Zeit verfliegt, die ich haschen möchte wenn sie mir verflogen ist; mein äußeres Leben erscheint anderen vielleicht, zuweilen auch mir, einfach, einförmig, und dennoch ist es innerlich mir sehr abwechselnd – das kommt denn wohl durch wechselnde Beschäftigung des Geistes und der Hände, wie Mutter sagt. Wenn ich nun scheinbar Dich vernachlässigte; lieber Theodor, so glaube deswegen nur ja nicht, als hätte ich es im Herzen getan; – ich hatte große Freude an Deiner schriftlichen Sendung, die mir eine liebe Nachfreude meines vergnüglich verlebten Geburtstages war, habe so innigen Dank dafür, daß Du treulich meiner bedachtest. –Keinen Deiner vorausgesetzten Gründe darf ich zu meiner Entschuldigung Dir nennen;

ich muß der Wahrheit gemäß, wenn auch sehr ungerne gestehen, daß ich gewiß eine Zeit hätte finden können an Dich zu schreiben, wenn ich sie ernstlich gesucht – aber da schob sich denn immer so ein störendes Etwas zwischen Wollen und Ausführen – es gab noch Schularbeiten, ein Besuch kam, ich mußte üben, u. s. w. Meinem lieben Vater habe ich auch erst vor 14 Tagen für seinen Geburtstagsbrief und Gaben gedankt; und vor ein paar Tagen ihm als alleiniges Geschenk zu seinem Wiegenfeste einen vier Seite langen englischen Brief gesandt, den er heute empfängt und seines Kindes liebend gedenkt. Überhaupt, lieber Theodor, bin ich jetzt wohl etwas ernster beschäftigt, denn es ist ja dieses Jahr das letzte, welches mir so schön die Gelegenheit zu lernen und den guten Unterricht so viel wie möglich zu benutzen.
Mutter läßt mir nun noch französischen Privatunterricht mit meiner Freundin geben, ich verspreche mir davon vielen Nutzen, denn unsere Lehrerin ist auch der englischen Sprache mächtig – Doch das ewige Englisch und Französisch mag Dich wohl wenig interessiren, und so will ich Dich auch nicht länger damit plagen; Du könntest sonst glauben ich wollte gelehrt tun, oder es werden, – ich will aber trotz ernstem Lernen, mich mit offenem Gemüt und heiterem Sinn alle jugendlichen Freuden ungetrübt genießen. Die Beschreibung Deiner Weihnachtsfeier hat mir sehr gefallen, man ist doch gewiß am frohesten, wenn man seine Erholung in kindlich reinen und unschuldigen Freuden sucht – und auch zu finden weiß.
Eine freundliche Gabe ist mir Dein Geburtstagsgedicht; immer eine Blume mehr in den Kranz meiner Freuden aber der obstinate Herr Winter trollte sich nicht so leicht wie alle es wünschten; doch jetzt sprossen wohl schon Schneeglöckchen unter dem Eise hervor. Wenn der Frühling sich so nähert, kommt es mir vor, als wenn der Sonnenschein, gleich dem Worte einer zärtlichen Freundin, ei-

nem das Herz erwärmt und erweitert! – auch bringt er mir ja das Wiedersehen lieber Freunde näher; mein guter Vater kommt auch diesen Sommer zum Besuch. Das Gedicht von Chamisso finde ich sehr schön, so wie das von der alten toten Großmutter, welches mir auch sehr gefiel; Du kennst es gewiß.

Mein Goldherzchen werde ich gewiß weder verschenken noch mir nehmen lassen, dazu ist es mir zu lieb, aber eine Ähnlichkeit davon zu besitzen gönne ich jedem gern.

Von allen meinen Bekannten interessiert Dich Scherffs Haus doch gewiß am mehrsten, und so will ich Dir denn noch etwas von ihnen erzählen; sie fühlen sich recht glücklich mit dem Hauslehrer, namentlich für Tante Scherff geht ein neues Leben auf; wir haben ihn erst zweimal gesehen, er soll ein sehr netter junger Mann sein, und ist zu Tante Scherffs großer Freude auch musikalisch. – Die Kinder haben ihn lieb, und damit scheint mir ist schon, wenn nicht alles, doch sehr viel gewonnen.

Diese Woche werden wir ein paar Tage draußen sein; Tante Scherff hat mir ein großes und seltenes Vergnügen zugedacht; sie will mich und noch ein junges Mädchen mit zum Museumsball nehmen.

Nun noch ein Ereignis anderer Art; als wir vor einigen Wochen draußen waren, fanden wir Onkel Scherff sehr betrübt und verstimmt, Herr Zinke, dessen Du Dich erinnern wirst, war plötzlich gestorben; es tat uns sehr leid, denn wir kannten ihn schon lange und er war immer so freundlich, und überhaupt, finde ich immer es hat etwas Schmerzliches sich sagen zu müssen man soll so ein bekanntes und gewohntes Gesicht nie wieder sehen; aber für Onkel Scherff ist es wirklich ein harter Verlust, denn seit 23 Jahren haben er und Herr Zinke täglich in ihrem Geschäfte nebeneinander gesessen.

Mein Blatt zwingt mich jetzt schnell zu schließen, und so bitte ich Dich nur noch lieber Theodor, mir nun nicht mehr zu zürnen damit ich leichten Herzens von Dir scheiden kann, und Dir entgegensehen.

Deine Bertha von Buchan.

Entschuldige den Dintenfleck, ich kann aber
darum den Brief nicht wieder abschreiben.

11. [März 1841 Kiel], Th. Storm an Friederike Scherff

Liebe Friederike,
Ehe Du anfängst meinen Brief zu lesen, muß ich Dich bitten, ihn *allein zu lesen;* denn ich muß Dir allerlei beichten, um danach Deine Hülfe in Anspruch zu nehmen. Glaube indeß nicht, daß ich etwas von Dir verlange, das Dir irgend wie mißlich wäre mir zu gewähren.
Es betrifft eine Sache, die ich bis jetzt immer vor Dir geheim gehalten habe, nicht weil Du mir nicht lieb genug wärest, sie Dir mit zuteilen, sondern weil ich nach allen Deinen Äußerungen überzeugt war, Du würdest mich in diesem Punkte nicht verstehen. So hab ich denn immer geschwiegen; wenn ich Dir indeß jetzt sage, daß es den größten Teil meines Glücks ausmacht, so hoffe <ich> so weit Dein Vertrauen zu besitzen, daß Du mir ohne Weiteres Glauben schenkst. Laß mich etwas weit ausholen!
Du weißt, daß ich Bertha schon als Kind immer die Schleppe nachgetragen. – Seitdem ich sie an dem Weihnachtsabend gesehen hatte, den ich noch bei Lebzeiten Deiner vortrefflichen Mutter mit Euch verlebte, bildete sich ein Gedanke bei mir aus, dies Mädchen geistig an mich zu fesseln. Und jetzt muß ich Dir das Manchen vielleicht Unbegreifliche sagen, ich habe schon damals das Kind geliebt. Aber Du darfst nicht darüber nachdenken. Liebe Friede, Du mußt mir blindlings glauben! – Ich hatte be-

sondere Freude daran, als Therese auf meine Bitten dem Kinde einmal ihre reichen Locken wiedergab, ganz so wie das Bild – denn ihre Locken waren schon damals gebunden – und als ich nach Lübeck zurückkam dichtete ich mein „Lockenköpfchen“, das noch jetzt mir eins meiner Liebsten Sachen ist.

12. 22. 03. 1841 o. O., Th. Storm an Th. Rowohl

22 März 1841.

Geehrte Frau,
Seit Berthas letztem Brief fühle ich deutlich, daß zwischen uns nicht Alles so ist, wie es sein sollte und wie es meinem Herzen Bedürfnis ist. Denn Sie werden mich nicht überzeugen wollen, daß meine Briefe aus dem Grunde, den B<ertha> selbst in ihrem Briefe angibt, d. h. aus gar keinem Grunde so lange unbeantwortet blieben. Wenn Sie glauben mir Vorwürfe über irgend etwas machen zu können und wenn von Ihrem früheren Wohlwollen für mich noch so viel geblieben ist, daß Ihnen meine Ruhe nicht ganz gleichgültig ist, so halten Sie mich dieser Vorwürfe nicht für unwert, und geben Sie mir Gelegenheit, Ihnen zu beweisen, daß ich es auch wirklich bin. Ich überlasse mich Ihrer Freundschaft u<nd> sehe mit Sehnsucht einer Antwort von Ihnen entgegen.

13. 22. 03. 1841 o. O., Th. Storm an Friederike Scherff

22 März 1841.

Meine gute Friede, ich danke Dir für Deinen langen ernsten Brief, der recht bestimmt ist mich noch ärmer zu machen, als ich schon bin, da er mir neben meinem Schmerze noch eine Schuld aufbürden will; aber Du hast die Ueberzeugung ausgesprochen, die wie ich wohl erwartete, nicht mit der meinigen übereinstimmte; doch bin ich Dir dafür dankbar und im Herzen gut dafür wenn es mich schon schmerzte, gerade von Dir so mißverstanden zu werden. Aber bei Gott, wäre mein ganzes Leben so rein wie mein Verhältnis zu diesem Kinde, ich würde nichts zu bereuen haben. Das sage ich Dir jetzt, das werde ich Dir wiederholen, wenn diese Leidenschaft sich längst verblutet hat, und in der Todesstunde kann es mein Gebet sein.

Aber Du meine teuerste Friede, ich weiß, Du hast mich lieb – sei jetzt nicht ungerecht gegen mich gerade dadurch, daß Du gerecht sein willst. Du willst nicht Partei für mich nehmen; aber Du bleibst auch nicht unparteiisch. Wenn Du eine Berechtigung der Pflegemutter und Erzieherin des Mädchens anerkennst, so darfst Du meinem Gefühle seine Berechtigung nicht verwehren; und wenn sich hier die beiderseitigen Handlungsweisen zuwiderlaufen, so kommt dies nicht daher, weil ich Unrecht habe, oder weil die Mutter Unrecht hat, so zu handeln, wie jeder handelte, sondern es ist ein Conflikt der Verhältnisse, und es gehört zur Aufgabe unseres Lebens, solche Conflikte glücklich zu lösen.

Du meinst ich müßte sehr in Theresens Augen verlieren, wenn sie das alles wüßte – ich will es nicht bestreiten, denn sie müßte sehr unbefangen sein, wenn es anders sein sollte. Und doch weiß sie alles; denn den erwähnten Zettel muß sie gelesen haben. – Du schreibst in meiner Handlungsweise habe ich Bertha mit allen andern über einen Kamm geschoren. Ich weiß es kann uns leicht eine Bitterkeit überschleichen, wenn wir nur beabsichtigen unsre Überzeugungskräfte auszusprechen. Gewiß, das Wort kam nicht aus Deinem Herzen. Ich fühls schon Du warst aufgeregt über meine Briefe; jetzt wirst Du unbefangener urteilen können, und es wird Dir mehr darum zu tun sein, mich rechtfertigen zu können als mich verdammen zu müssen. Noch einmal muß ich Dirs wiederholen: Meine Ueberzeugung war, es sei die Meinung ihrer Pflegemutter in so weit mit meiner im Einklang, es müßte aus diesem nahen Verhältnis mit einem jetzt erwachsenen Mädchen notwendig eine Liebe entstehen, und sie hielte mich dessen wert. Und zu dieser Überzeugung war nicht allein mein Herz, sondern auch mein Verstand berechtigt. Nur die äußern Verhältnisse, daß sie nicht confirmirt, ich nicht examinirt war, sollten mich abhalten einen deutlichen Schritt zu tun. Auch mit den strengsten, eigensinnigsten Anfoderungen des mir von Therese geschenkten Vertrauens hatte ich mir keine Vorwürfe zu machen. Da kam die Zeit, wo ich nur sagte, wenn du sie jetzt nicht gewinnst, so hast du sie verloren! Und von da an konnte nicht von mir gefodert werden, daß ich diesen äußeren Gründen, die ich als Gründe einer andren, die mir vertraute, nur ehrte, sie selbst aber nur in ihrer Beschränkung anerkannte, – daß ich diesen äußren Gründen mein ganzes Glück zum Opfer bringen sollte.

Es fragte sich sollte das Verhältnis jetzt geknüpft werden, da sie noch unkonfirmirt, ich noch nicht examinirt war, oder sollte ich es nie erreichen. Was sollte ich tun? Damals wußte ich keinen anderen Ausweg und weiß ich jetzt noch keinen; und solltest Du jetzt einen finden, so ist es mir wenigstens nicht zur Schuld anzurechnen, daß ich im rechten Augenblick nicht das rechte Mittel fand. Hoffentlich wird es nicht Deine Ansicht sein, ich solle, wenn ich ein

Mädchen liebe, mich vorerst der Mutter erklären; daß ich dies unnatürlich und lächerlich finde, habe ich selbst einmal gegen Therese ausgesprochen, und sie war darin meiner Meinung. Uebrigens kann Berthas Unbefangenheit schon darin ihren Grund haben, daß sie sich der Mutter vertraut hat; und es wundert mich im Grunde nicht, daß Therese mit all ihrer Freundschaft und Vertraulichkeit zu Dir diese zarte, ihr vielleicht unangenehme Sache unberührt läßt. Denn *sie* wenigstens kann über mich nur unbefangen sein aus *dem* Grunde, daß sie mein Verhältnis nicht kennt. Ist es aber zwischen ihr und Bertha zu einer Erklärung gekommen so läßt sich am leichtesten beider Unbefangenheit erklären.

Selbst übrigens, wenn alles anders wäre, als es wohl eben ist, wenn Bertha mich liebte und sich nicht der Mutter vertraut hätte, so liegt darin nichts was zu tadeln wäre, sobald sie mir ganz vertraut; denn wenn sie mich liebt, so muß sie mir sich selbst und auch die Lösung der Verhältnisse überlassen; *wenn sie mich liebt, so stehe ich ihr über der Mutter,* und wenn sie glaubt, die Mutter, werde ihre Liebe verhindern, so betrügt sie mich wenn sie durch unzeitige Geständnisse dazu beiträgt, dies zu realisiren. – Ist die Mutter nicht entgegen, so hat sie allerdings das erste Recht die Vertraute ihrer Tochter zu sein, und das Gegenteil tadle auch ich; das wird Dein Fall gewesen sein, liebe Friede, erkenne aber deßhalb nicht das andre. – Auch könnte ich Dir noch sagen: die Liebe in ihrem innigsten Wesen ist ein Geheimnis, und eben in ihrer zarten Scheu liegt ihr größter und natürlicher Zauber; nur den Verhältnissen muß sie in der Zeit ein Teil ihres Lebens zum Opfer bringen.

Wenn Du mir sagst, daß dies Geheimnis, diese Hingebung des Mädchens gefährlich sein und leichtsinnigen Männern Tür und Tor öffne, so geht nur hie wie überall im Leben das Gute und das Böse einander dicht vorbei. An sich aber ist es natürlich und daher wahr und berechtigt; es liegt in der Liebe die anfangende Auflösung des strengen Familienbandes zwischen Kindern und Eltern; denn nicht mehr diese sind für das Mädchen jetzt der erste Gegenstand ihrer Liebe, sondern dies ist der Mann den sie liebt. – So ist es, so wird es ewig sein; so ist es in der Natur begründet, von der Philosophie anerkannt, und von der Bibel ausgesprochen. Du kennst das starke Wort: „Du sollst Vater und Mutter verlassen!"

Obgleich Du nun bisher mir entgegen warst, so soll das meinem Vertrauen keinen Abbruch tun; nur nehme ich Dir das Wort ab, es bleibe allein zwischen mir und Dir. Ich muß Dir jetzt zeigen, daß ich auch von Berthas Seite zu meinem Tun berechtigt war; und Deiner Weiblichkeit mag ich dieses Zarte wohl vertrauen.

Du sagst mir an einer Stelle Deines Briefes „an dieser Grenze hättest Du stehn bleiben sollen!" Warum? – Warum sollte ich sie nicht lieben, was doch so natürlich war? – Du machst mir einen alten Vorwurf lebendig; ich habe das Mädchen nicht verdient. – War das Deine Meinung, so ist Schweigen mein Teil; sonst aber sehe ich nach dieser Seite meines Lebens nur klares Licht und nicht drohende Nacht.

Lebewohl und erhalte mir Deine Freundschaft! Wir sehen uns hoffe ich im Laufe des Sommers. Als ich das Gegenteil aussprach, da nur schwieg meine Vernunft; denn noch darf ich sie nicht verloren geben.

Dein Theodor

14. 03. 04. 1841 Hamburg, Th. Rowohl an Th. Storm

Hamburg d. 3^{tn} Ap: 1841.

Recht sehr betrübt es mich, lieber Storm, daß mein letzter Brief einen so ganz andren Eindruck auf Sie machte als ich mir davon versprach; jede Art von Strenge lag meinem Gemüte so fern wie der Gedanke Ihnen Vorwürfe zu machen. Selbst in Ihren jugendlichen Gefühlen suchte ich mit einzugehen – das stimmte mich weich und rücksichtsvoll für Sie, und ich glaubte nun recht aus dem Herzen Sie mit sich selbst, mit mir und mit der ganzen Welt im klaren zu wißen – daß ich mich geirrt habe, sagt mir Ihr Brief v<om> 28. v<origen> M<onats>. Ungern schreibe ich Ihnen was mir so sehr viel leichter und lieber zu sprechen wäre, indeßen will ich diesen Tag nicht auch noch vorübergehen und Sie auf Antwort warten lassen, wie wenig ich auch körperlich und geistig dazu auferlegt bin.
Auch jetzt mach ich Ihnen weiter keine Vorwürfe; auch jetzt, wenn zwar in anderer Beziehung, verweise ich Sie an sich selbst. Wenn Sie glauben mit voller Ueberzeugung, mit vollkommener Ueberlegung recht gehandelt zu haben, so will ich Ihnen Ihre Meinung nicht streitig machen. Ihre Ansichten sind zwar nicht die meinigen, doch dieses laße ich auf sich beruhn; dagegen hören Sie mich ruhig, und wenn's irgend möglich Ihnen ist, Theodor, unbefangen an. Sie lernten Bertha kennen als sie 10 Jahr alt, und sahen sie zuletzt als sie 14 Jahr alt war – in diesem Zeitraum liegen wirklich viele freundliche Erinnerungen, die ich so gerne bewahren, so sehr ungerne bei uns Allen mit minder angenehmen verwirrt sehen möchte; versetzen Sie sich zurück in diese Jahre und Sie müßen mir recht geben, daß viele, viele gemütliche Freude sich aus unserer Bekanntschaft entspann. Sie, mein lieber Verwandter einer mir seit langen Jahren befreundeten Familie, wurden mir eine liebe

freundliche Erscheinung, wenn Sie auch in meinem Hause, ein erwarteter Gast, eintraten.
Daß Sie zunehmend Wohlgefallen an Bertha's Unterhaltung, an ihrem ganzen Wesen fanden, blieb mir allerdings nicht unbemerkt, von manchem jungen Mann sah ich dieselbe Auszeichnung dieselben unverkennbaren Zeichen des Wohlgefallens welches sie von ihren Kinderjahren an bis nun her, für sie beibehielten, und welches Bertha mit der selben unbefangenen Freundlichkeit aufnahm.
Sie sahen Sie öfterer in den letzten 2 Jahren, und sehr natürlich fand ich es wenn Sie mehr noch sie lieb gewonnen – doch nimmer hatte ich Furcht für das Glück meines Kindes, nimmer Sorge fur Ihre persönliche Ruhe, Theodor, denn ich kannte Bertha und ahnte nicht daß Sie sich die Liebe eines 14jährigen Mädchens versichern zu können glaubten, die über ihre eigenen Gefühle unmöglich in Klarheit sein kann; hätten Sie mir damals eine ernste Anfrage in dieser Beziehung getan, sie würde mich zwar sehr überrascht aber ich würde Sie freundlich doch ernst auf die Zukunft verwiesen haben.
Was ich Ihnen nun noch hinzu fügen muß, lieber Theodor, kann, kann, wird nach Ihrer Individualität Sie schmerzhaft verletzen, aber nicht das Herz, nicht das innere Gemüt darf und kann sich dadurch gekränkt fühlen, und dennoch möchte ich Sie neben mir sitzen haben um durch Blick und Ton Sie leichter hinüber zu führen, da, wo vielleicht männlicher Stolz oder gekränkte Eigenliebe Sie verleiten dürften, der Stimme der Vernunft Ihr Ohr zu verschließen, und eine Täuschung eigensinnig fest halten zu wollen. Kommen Sie mir mit eigenem Wollen zu Hülfe, denken Sie ich spräche freundlich und wohlwollend zu Ihnen, so können Sie mich nicht mißverstehn.
Als Sie vergangenen Herbst Bertha beim Abschiede ein Zettelchen in die Hand legten, mit der Weisung es geheim zu halten, beklagten Sie sich darinnen daß Sie Zweifel hät-

ten, ob sie Sie noch so lieb habe wie früher? Sie solle Ihnen diesen benehmen durch ein unterstrichenes Wörtchen in ihrem ersten Brieflein – Sie schickten ihr Ihr hübsches Polterabend-Gedicht, Bertha dankte es Ihnen, die unterstrichenen Worte blieben nicht aus.

Oft blickte sie nun mit ihren klaren Augen mich an, sagte dann, sie habe mir schon seit einigen Wochen etwas zu sagen – holte mir Ihr Blättchen, erzählte, und ich las – das waren die unterstrichenen Worte in meinem Brief; und nun ich ihr das alles gesagt habe, bin ich wieder ganz froh – es war mir so unbehaglich es allein zu wissen, sagte sie – ich verbarg ihr die Träne der Rührung in meinem Auge und schloß das geliebte Kind an mein Herz. – Sie schrieben eine Antwort, ein kleines allerliebstes Gedicht war dabei, sie zeigte es mir, sie verstand es was Sie so froh gestimmt, es ist mein Brief, sagte sie, die Ursache.

Sie sandten ihr zur Christgabe die alemannischen Gedichte, an diesen wie an des sie begleitenden Gedicht von Ihnen hatte Bertha die innigste Freude – sie dankte Ihnen in einem freundlichen Brief, dem ich einige Worte beifügte; Ihr Weihnachtslied, welches mich in seinem eigenen kindlich reinen Styl so sehr ansprach, war wohl die Veranlassung daß ich Ihnen nicht so ernst schrieb als ich früher beabsichtigte (strenge Vorwürfe mache ich mir jetzt daß ich es unterließ). Sie erhielten nur wenige Zeilen, aber ich glaubte Ihnen durch leise Andeutung verständlich werden zu können lesen Sie jetzt diese Zeilen noch einmal, wenn Sie sie haben, so werden Sie leicht erkennen daß ich Sie festhalten wollte in diesem schönen, offenen, ja kindlichen Verhältnis – Sie verstanden mich nicht! –

Ihre Geburtstags–Gabe war so freundlich von Ihnen erdacht, als von Bertha aufgenommen, und glauben Sie niemals, niemals, daß sie den beabsichtigten Zweck verfehlte in Bertha's Andenken, ja in ihrem Herzen, stets lebendig fortzuleben – aber das geheime Blättchen paßte ihr

wieder nicht dazu – sie gab es mir – was sie sagte, das schreibe ich nicht, Theodor, nur ein Mutterherz kann Freude daran haben – Wollen Sie nun dieser treuen und wahren Schilderung Glauben geben so müßten Sie mir eingestehen daß Sie nichts verloren haben was Ihnen Ihre Gegenwart, Ihre Zukunft trüben, oder Ihr Leben vernichten könnte, wenn Sie nicht eigensinnig eine selbstgeschaffene Täuschung, einen imaginierten Kummer höher als wirkliche, reine, unschuldige Lebensfreude stellen und diese Zeilen müßten Ihnen beruhigend und genügend sein. Sehen, sprechen, schreiben Sie Bertha wie sonst, und Sie werden sie immer so finden wie ich sie Ihnen aufstelle – lieb und gut – ohne noch einen Roman gelesen und für leidenschaftliche Liebe Sinn und Empfänglichkeit aufgefaßt zu haben – in ihrer heiteren Fröhlichkeit liegt mir der schönste Lebensgenuß – erquicken Sie sich auch daran, schöpfen Sie frischen Lebensmut aus einer so ungetrübten Quelle, und Sie werden gleich ihr froh sein können –
Vieles könnte ich Ihnen sagen, doch schreiben nun nichts weiter – lassen Sie mich glauben daß Sie gut von diesem lang ausgesponnenen Brief haben, und verkennen Sie niemals die wahren Freundschaftsgefühle die mich ihn schreiben ließen –

Therese.

15. o. D. o. O., Th. Storm an Th. Rowohl

Endlich Wahrheit! O wie lieb Sie mir geworden sind durch diesen Brief! So muß es sein und bleiben zwischen uns. Ich habe es im Leben erfahren, daß sich grade bei den vortrefflichsten Frauen nach dem jugendlichen Alter eine gewisse Schärfe des Gemütes festsetzt, die sie gegen das Recht der Jugend, ja gegen jede fremde Überzeugung, die

nicht mit ihren einmal festgehaltenen Grundsätzen übereinstimmt, nicht nur unzugänglich, sondern ungerecht macht. Ihr vorletzter Brief ließ mich befürchten, was ich gerade von Ihnen nicht erwartet hatte. – Jetzt aber sind Sie mir wieder die liebe, besonnene Frau; und ich allein der tolle Knabe, der sein eigenes Glück zerstörte; denn rückwärts ist unmöglich wie von der Frucht zur Blüte und vorwärts ist kein Raum; ein Stillstehen gibt's hier nicht.
Und doch welch' schwaches Ding das Menschenherz! Gestehe ich's nur, als ich Ihren Brief zum zweiten Male las, da dachte ich schon: Warum mußte sie es denn der Mutter sagen, warum beunruhigte es sie, wenn sie mich nicht verstand? Und wenn sie mich verstand, warum antwortete sie mir denn so, wenn sie so nicht sollte? – Und noch einmal ging ich Punkt für Punkt die Zeit zurück, und dachte endlich: Sie liebt dich doch und ist ein frommes Kind.
Beunruhigen Sie sich aber nicht! Jetzt bin ich ganz nüchtern geworden und diese Fata morgana meines Herzens sind schon längst wieder verflossen in Nebel und Nacht.
Glauben Sie auch nicht, daß mein Stolz oder meine Eigenliebe verletzt ist; es würde meinem Verstande so wenig Ehre machen wie meinem Herzen. Das ist das Ende und das allein mir klar – die letzte Episode meines Jugendlebens ist hier geschlossen; aus dessen tiefsten Tiefen treibt sie ihre Blüte.
Nur noch in einer Beziehung möchte ich Ihre Ueberzeugung zu der meinen hinüberziehen: nach meinem Gefühl ist die Liebe das klarste, einfachste, natürlichste; ein gegenseitig Ruhen im Gemüt; und ihres Lebens Stützen sind Achtung und Vertrauen; die Liebe aber, die sich aus der guten oder schlechten Darstellung einer fremden Liebe im Roman entwickelt, ist eine arme Treibhauspflanze, für die mein Herz unendlich viel zu groß ist. –
Glauben Sie sicher, die freundlichen Erinnerungen, die ich Ihnen verdanke, werden sich nie bei mir verwischen; ich

fühl's, ich werde mein ganzes Leben mit einer Ängstlichkeit dieser Vergangenheit festhalten; und sowie diese werde ich Ihr freundliches Bild und mein dankbares Gemüt für Sie in jede Zukunft mithinübernehmen!

Mit herzlicher Ergebenheit, Theodor.

16. 24. März bis 9. Mai 1842; tagebuchartige Aufzeichnungen Storms

Hamburg 24. März 1842.

Ich wollte noch einmal ihre Stimme hören, sie selbst noch einmal sehen. – Guido mußte der alten Schicht einen Brief und ein Andachtsbuch als Geschenk von mir überbringen, um gesprächsweise von dieser zu erfahren, in welcher Kirche sie konfirmirt sei. Nachdem dies mit ihm verabredet und er voraus gereist war, kam ich gestern hier an. Um nicht mit ihrer Mutter und ihr selbst zusammenzutreffen, wollte ich keinen Verwandten sehen; und war daher nicht in geringer Besorgnis, als ich den Bedienten meines Vetters beim Stillhalten am Altonaer Posthause in der Tür stehen sah. Doch bemerkte er mich nicht. Hier empfing mich Guido und benachrichtigte mich, daß alles glücklich abgelaufen sei, und wie gerührt die alte Schichten darüber gewesen, daß ich so treu an sie dachte. –
Gestern Abend ging ich zu ihrem Hause; konnte aber weder oben in ihrem Stübchen, das nach dem Wall hinausgeht, wo wir so oft zusammengesessen, wenn uns nach Tisch die Mutter aus der Stube jagte, noch vorne im Wohnzimmer ihre Gestalt oder ihre Stimme bemerken. Ich kam mir vor wie ein rechter Narr, konnte aber nicht vom Fleck.

Mittag

Guido und ich standen über eine Stunde vor der <Textlücke>kirche, bis alle Kutschen weggefahren waren; sie aber kam nicht. Da ging er in die Bierhalle und ich nach Hause. Ich war beinahe an der Tür; und als ich aufsah, kam sie mir entgegen – wir sahen uns an, wir sagten nichts, wir grüßten uns auch nicht. Es kam mir vor, als wenn ihre Augen – es lag ein ungeheurer Ernst in diesem Blick.

25. März Nachmittags

Den übrigen Teil des gestrigen Tages mußte ich mit Guido bei seinen und des Doctors Verwandten Visite machen. Die erste alte Tante, die wir besuchten, wird mich ohne Zweifel für verrückt gehalten haben; mittags bei Guidos Eltern ging's schon besser; und Abend bei des Doctors Eltern brachten mich einige Gläser Punsch und die tolle Schwester des Doctors in eine förmliche Ausgelassenheit. Guido u<nd> ich blieben die Nacht da. Fräulein Minna war am Morgen fast in derselben Laune; und ich mußte dem Unsinn ein Gedicht in ihr Bilderalbum schreiben. – Ich komme mir wunderbar vor hier; alle Leute, mit denen ich verkehre, sind mir fremd; was ich liebe, geht mir wie im Traum vorüber.
Seit Mittag sitze ich wieder auf meiner Stube u<nd> friere u<nd> warte, daß die Uhr halb sieben wird, um neue Besuche bei fremden Leuten zu machen.

26 März Mittags.

Was tue ich weiter hier; Ich habe sie gesehen und das ist alles was ich wollte; doch kann ich mich nicht losreißen.

Wenn ich auf der Straße gehe, ist mir immer als sollte sie mir begegnen, mir stehen immer die Augen vor, mit denen sie mich vorgestern morgen ansah; ich erschrak heute vor ein Paar Mädchenaugen so heftig, daß ich Herzklopfen bekam, und diese Augen waren mir doch fremd und ohne alle Ähnlichkeit mit ihren.
In allen Wegen, die ich heute machte, mußte ich an sie erinnert werden; hier hatte ich mit ihr, als sie noch Kind war, vor den Ladenfenstern die Porzellansachen beschaut, hier hatten wir zusammen Einkäufe für meinen Vater gemacht, aus dem Blumenkeller hatte ich in späterer Zeit immer die Myrten mitgebracht, die alle nicht wachsen wollten.

So muß mich alles, alles mahnen
an die vergangne schöne Zeit;
So nah ist alles was ich liebe
und doch so unerreichbar weit.

Kiel 2^{t} April.

Am zweiten Ostersonntag ging ich mit Guido zur Nachmittagspredigt in die Kathrinkirche; die Predigt hatte schon angefangen. Die Kirche war still, und als wir aufs Chor hinaufgingen, blieb unser Eintritt nicht unbemerkt. Als ich von oben in die Kirche hinabschaute, war es meinen Augen zu weit, um unten deutlich die Gesichtszüge der Frauen zu erkennen. Ein blasses Mädchen ließ mich nicht los, und ich fühlte, sie wars. Sie wandte das Gesicht zu mir hinauf; und ihre Andacht mußte der Andacht der Liebe weichen; denn sie schaute nicht zum Priester, sondern zu mir; und als nun nach der Predigt der Gesang begann, da trugen die Orgeltöne unsere Gedanken hin u<nd> wieder. Da war ich überzeugt, sie habe mich verstanden, sie wisse den Grund meiner Reise; sie liebe mich.

Als sie aufstand, erkannte ich sie deutlich; ein fremdes Frauenzimmer begleitete sie. –

Einige Tage später begegnete ich ihr wieder mit ihrem Vater, ich bemerkte sie zu spät u<nd> sah ihr nicht in die Augen. Diese Begegnung ohne irgendeinen Eindruck stimmte mich herab, mir war wieder all mein Glaube verloren. Guido saß den Abend lange vor meinem Bett, auch den folgenden Abend; und so konnte ich doch einem treuen Herzen aussprechen, wie ich sie liebte und wie liebenswert sie sei. Ich hatte ein eigentliches Bedürfnis, daß mir die Brust zerspringen möchte; mir war es als müßte das geschehen in der Vereinigung mit ihr.

Vorgestern war einer von den Tagen, von denen man fühlt, daß sie einem zur Freude prädestinirt sind; ich hatte das Gefühl als müßte ich durchaus vergnügt sein und konnte denn doch wieder nicht.

Gestern Abend waren wir bei der Mad<ame> Nolte in Gesellschaft; ich erschrak als die älteste, elfjährige Tochter hereintrat. Es war Bertha als Kind aber mit schwarzen Augen; doch stören die wenig die Täuschung. Alle bemerkten den Eindruck, den das Kind auf mich hervorbrachte; der D<octo>r riß schlechte Witze. Man sprach darüber, daß ihr so die kräftige Gesichtsfarbe der Schwester fehle. Ich sagte unwillkürlich „Blaß muß sie sein!“ Guido guckte mich an; und hatte alles verstanden. Ich las auf Bitte der Damen einige alemannische Gedichte vor; die Kleine stellte sich zutraulich an meinen Lehnstuhl, sah mit mir ins Buch und bat ich solle doch noch eins lesen.

Das war ein Ton verklungener Freude –
So war's um mich – O holde Jugendzeit,
Wie fühlst du noch mit wunderbarem Leide
Und liegst so weit, so weit.

Ich hatte in der letzten Zeit gewünscht, ihr allein zu begegnen, es geschah nicht. Ich schrieb folgenden Brief, den Guido unter allen Hinderungen sicher in ihre Hände zu liefern versprach; und er ist zuverlässig. – In den Brief legte ich die beiden Gedichte: „Lebewohl“ vom März 1841 und „Und blieb dein Auge immer ohne Tränen“ vom März 1842. Der Brief lautet:

17. [nach 02. 04. 1842 o. O.,] Th. Storm an B. v. Buchan

Bertha ich glaubte einmal die Versicherung Deiner Liebe zu haben, dann aber wurde es dunkel zwischen uns. Ich sah Dich nicht in langer, langer Zeit; ich hörte nichts von Dir. Da konnte ich's länger nicht ertragen; ich kam hierher. Es war mir todes bang zu Sinn; die Leute mit denen ich verkehrte, waren mir fremd, was ich liebte, ging mir wie ein Traum vorüber.
Als ich Dich in der Kirche sah, da wars mir, als fühlte ich einen Strahl der Liebe von Dir zu mir hinüberdringen, und ich glaubte wieder; als ich Dir später begegnete da sank dieser Glaube wieder.
Bertha, Mißverständnisse, durch die sich soviel Elend anspinnt, dürfen uns nicht trennen. Wenn Du mich liebst, so sei Deine Liebe groß und gläubig genug mir ganz und allein zu vertrauen; im andern Fall habe noch soviel Mitleiden für den Freund Deiner Kindheit, ihm ein letztes Wort zu schreiben, damit er mit seinem Glücke abschließen könne. Laß mich diesmal nicht vergebens warten. Schreibe mir bald, bald;
Einliegende Gedichte bewahre zur Erinnerung oder zum Unterpfand meiner Liebe; die Deutung liegt in Deiner Hand.

Theodor.

Gestern Abend hatten wir noch für G<uido> ein Bett in meiner Stube aufschlagen lassen; und als wir um 1 Uhr aus der Gesellschaft nach Hause kamen, schwatzten wir noch lang in die Nacht hinein. Dann gings heute morgen fort.

Wie rasch mich die Rosse auch vorwärtstragen,
Die Sehnsucht reißt mich weit zurück
Die können sie nicht überjagen.

d. 9^{t} May: Morgens.

Guido hat sie nicht wiedergesehen; der Brief ist nicht in ihre Hände gekommen.
Hamburgs Schicksal hat hier Alles in Aufregung gebracht, das Militair ist requirirt, die Sprützen<,> Ladungen von Brod sind hingeschickt, um der Unordnung, dem Feuer und dem Mangel abzuhelfen. Gestern Abend (Sonntag) war der Markt mit Menschen aller Stände angefüllt; die Soldaten zogen weg; eine Menge Studenten verlangten Geld und Waffen vom Rektor, um mitzuziehen. Ob sie auch die Nachricht, daß das Feuer gelöscht, doch nicht von dieser Ritterfahrt abgestanden, weiß ich doch nicht. Wenn Altona gefährdet wird, gehe ich doch noch auf eigne Faust hinüber. Bertha u<nd> Therese werden doch bei Scherffs sein. Ich habe an Friederike geschrieben, mir umgehends zu sagen, wo Bertha sei. Morgen werde ich Nachricht erhalten.

Ich habe auf den Brief, der nur eine aufgeregte Frage nach Bertha enthielt, Antwort erhalten; und darin einen Gruß von B<ertha> u<nd> Therese.(?)

Ich habe mein Nachtlied, an Friederike geschickt; ich denke, sie wirds ihr vorsingen.

Schlafe du! aus weiter Ferne
Lull' dich ein mein Schlummerlied!

18. Juni/August 1842; tagebuchartige Notizen Storms

Die Liebeslieder der Minnesänger, die der Schlesischen Dichterschule, die Gleimschen Liebeslieder und die nach ihm bis zur Zeit, wo Göthe anfing zu dichten, – lest sie, die ihr die Liebe nicht kennt. Es ist ein zierliches Spiel, ihr hört das Wort Liebe klingen im Reim, aber ihr versteht es nicht; denn die Dichter verstanden es selbst nicht. Doch in dieser Nacht steht ein Mann, hütet euch vor seinen Liedern! Sie sind wie ein Schwert<,> gefeit um Mitternacht und bezahlt mit der Seele. In seinen Liedern hat er sich verzehrt; jedes Lied ist geschmiedet aus Jugendliebe und Leben; hütet euch! Sie singen in eure Herzen brennendes Verlangen und tödliche Sehnsucht. Er schrieb sich auf sein Grab:

Mein Pilger lies geschwind und wandle deine Bahn;
Sonst steckt dich noch mien Staub mit Liebe und
Unglück an.

Ich denke dran, wie ich vor Jahren oben auf der kleinen Elbstube in dem alten Lehnstuhl der gestorbenen Großtante saß, wo mir der Nachmittag gar nicht hingehen wollte, bis zu der Stunde, wo sie mit ihrer Mutter erwartet wurde. Ich hatte aus dem altväterischen Repoisitorium allerlei Bücher vor mir aufgestellt und las und las und wußte vor Ungeduld gar nicht, was ich las. Die Nachmittagsonne schien warm ins Stübchen und beleuchtete an den Wänden die alten Kupferstiche. Meine Augen glitten übers Buch ins Zimmer umher und der urgroßväterliche Hausrat des Ganzen versetzte mich in eine wunderbare friedliche, fromme Stimmung. Ich dachte mich lebhaft in

die Zeiten hinein, wo dies von meinen Voreltern gebraucht und besessen war. Ich dachte an ihre Feste und Hochzeiten, wovon mir die Großmutter erzählt hatte – es hat einen tiefen Zauber, es zieht uns hinein – in die alte Zeit. Endlich, endlich ging unten die Türglocke und –
Ich denke dran, es ist manches Jahr her, doch läßt es mich nicht – sie hat einen tiefen Zauber, die alte Zeit.

Ihm ist vor vielen Jahren die Braut gestorben. Er saß damals vor dem Lehnstuhl, in dem das bleiche kranke Mädchen ruhte; er sah ihr in die blauen Augen; sie waren noch die Boten ihrer Liebe; der Blick ward zur Umarmung; sie glaubten nicht an Tod und Scheiden. Sie starb in seinen Armen; er legte sie sanft zurück; er hatte keine Liebe mehr auf Erden. – Als er auftauchte aus der Nacht des Grams, da war seine Jugend vorüber. – Ihr kennt ihn alle! Er ist jetzt ein starker, *froher* Mann. Denn seine Jugend war in ihr vollendet worden; geliebt hat er nicht wieder.

Der Gott der Weiber ist eigentlich nur ein Hausgötze; jede macht ihn sich so groß, daß sie damit ohngefähr die Leere ihres Herzens ausfüllen kann; daher ist er am bedeutendsten bei alten Junfern und jungen Mädchen vor der ersten Liebe; und wer nicht weiß, daß es bei den letztern in der Regel nur auf ein kurzes interregnum für ihren Herrgott hinausläuft, dem möchte bei solcher Konkurrenz etwas wunderlich zu Mute werden.

Mir liegt beständig ein künftiger Herbstnachmittag im Sinn, wo im Garten die roten Weinblätter vom Spalier fallen, und wo die goldne Herbstsonne dem Mädchen auf dem braunen Haar schimmert. Im Hause werden schon die Lichter angesteckt, die Sonne geht unter, das Mädchen zieht mich fröstelnd an sich; wir gehn langsam ins Haus zurück – Ob der Nachmittag wohl kommen wird? Die Wälder färben sich schon. Ehe das Laub gefallen ist, muß alles entschieden sein wohl oder wehe.

Mir träumte die Nacht, ich ginge in den Straßen von Hamburg; aber sie waren wunderlich zusammen gesetzt und ich verirrte mich. Schon lange ging neben mir ein stilles Mädchen, ein halbes Kind; ich fragte einen Vorübergehenden nach der Dienerreihe. Da wandte das Mädchen ihr Gesicht und sagte mir den Weg. Es war der Ausdruck<?> deiner Züge, es war auch deine Stimme, aber du warst es nicht. Wir gingen so neben einander und kamen in eine Straße, wo das Wasser quer durchfloß, es fehlte die Brücke –
Im Wachen hab ich mir zusammengedacht, das stille Mädchen seist doch du, das Kind gewesen, die mich zu dir, der Jungfrau, führte. Aber wir kamen nicht so weit. – Gute Nacht! Ich will schlafen und träumen, vielleicht komm ich dann hinüber zu dir.
26. Aug<u>st Abends im Bett

Fried<rich> Hebbel, Gedichte. Hamb. 1842. –
Weil in den meisten derselben nur der Anstoß poetisch ist, in der Ausführung ab<er> die Unmittelbarkeit verschwindet, so hat die Verstandesoperation oft zu Unnatürlichem geführt Vater unser – Unterm Apfelbaum – Das Scharfsinnige – mater, virgo – kann das Poetische nicht ersetzen. Er reflektirt fast immer, ist der modernste aller Poeten, oft großartig, bleibt er immer in den Grenzen seiner Judith.

Das aber sah sich hübsch an. Die Predigt war zu Ende; vor mir saß die vierzehnjährige Tochter des verstorbenen – Nun trug der Pastor eine ewige Liste von Verstorbenen vor, die sich zu verehlichen dachten. Da sah ich von Anfang an, wie die Wangen des Mädchens zuckten, und wie lächelnd die Röte ihr ins Gesicht stieg, mehr und mehr, bis sie brannte wie eine Rose, und ward doch ihr Name nicht mit abgekanzelt.

19. 09. 05. 1842 Altona, Friederike Scherff an Th. Storm

Altona, den 9ten Mai 1842.

Tage des schrecklichsten Jammers u<und> Elends sind über unsre arme Nachbarstadt gekommen, lieber Theodor. Zunächst will ich Dich aber doch über die Menschen die Dich am meisten interessiren, beruhigen, denn Rowohls, Bertha u<nd> Schichten sind in guter Obhut bei uns. Bertha kam schon am Freitag Morgen, und Jette u<nd> Therese Sonnabend Abend. Sie sind Gott sei Dank nicht gefährdet worden, denn der Wind stand günstig für sie, aber unsre arme Schichten hat ihr Obdach verloren, und wird auch wohl maches von ihrem Eigentum einbüßen. Gottlob, seit gestern Mittag haben die Flammen aufgehört zu wüten, aber die Verheerung ist schrecklich, ist unerhört. Denk Dir, wenn Du auf der Zollbrücke bei der alten Börse stehst, siehst Du den neuen Wall! Alles dazwichen ist geebnet. Kannst Du es Dir denken, das schöne stolze Hamburg, mit seinen 5 hohen Türmen. Hier zählt es nur mehr 3. Aber aller Mut ist noch nicht gesunken, denn die neue Börse steht noch: hoch und hehr schaut sie über die rauchenden Trümmer um sich her Grab! Noch eine gute Vorbedeutung daß sie doch nicht ganz untergehen soll, daß auch wieder der Handel blühen soll! nur ein besserer Geist soll sie beseelen, nicht die Ueppigkeit in dem übermäßigen Gerede sie tyrannisiren, und alle beßren und hör'en Gedanken, Entschlüsse u<nd> Handlungen

der Menschen im emporkeimen wieder ersticken. Der Stolz Hamburgs ist gebrochen. All das Schönste haben sie hergeben müssen. Der g<a>nze<?> alte Junfernstieg, der Holzdamm mit seinen herrlichen Häusern, die neue Burgstraße, die Paulstraße, alles ist gebrannt, die eine Seite der großen Bleichen, der neue Wall mit seinen schönen herrlichen Linden, der breite Giebel, die große und kleine Johannisstraße, die Bäckerstraße, das Eimbulsche Haus, die Boherstraße<?>, das Rathaus, der Burgstah, die schönen Nicolaikirche, der ganze Hopfenmarkt, die Deichstraße, die ganze Steintwiete u<nd> einige Häuser im Rödingsmarkt. Die erste Sorge ist ja nun, alle Menschen unterzubringen. Sie sollen doch Alle jetzt Obdach gefunden haben. Aber das Heer von Sorgen, was immer mehr hereinbrechen wird, ist ja nicht abzusehen. Du sollst nächstes mal mehr erfahren, für heute kann ich nicht länger, denn ich habe noch ein paar Briefe mehr zu schreiben.
Deinen Vater wird es sehr bekümmern, er hatte Hamburg sehr lieb. Rowohls und Bertha grüßen Dich freundlichst so wie

Deine Friederike.

20. 20. 10. 1842 Hamburg, B. v. Buchan an Th. Storm

Hamburg d. 20st. October: 1842.

Theodor – wohl nach einer langen Zeit sehe ich Deine Handschrift wieder, und warum sollte ich es leugnen, daß mir der Anfang Deines Briefes eine lebhafte Freude machte – er war so wie ich ihn wünschte; ich glaubt Dich wieder zu erkennen; aber als ich weiter las, da zog eine Wolke über die Freude hin, denn es waren mir fremde Gedanken! –

Warum willst Du mir gewaltsam den Namen eines Kindes entreißen? O, glaube mir, es liegt keine Schmach darin, und in meinen Augen ist es wohl eine Zierde mehr für das Mädchen, wenn man es noch Kind nennen kann.
Gewiß Du verstehst mich, in welcher Beziehung ich dieses meine; diese reinen unschuldigen Gefühle, die das Kind zu jedem in so schöne Verhältnisse stellen, können auch von der Jungfrau beibehalten werden, – und gewiß zu ihrem eigenen Vorteil – wenn sie auch in manchen Rücksichten anders gestellt wird. –
Gott segne meine treue Mutter, für die Stütze, die sie mir immer mit schonender Liebe geboten hat, in Fällen, wo ich nicht fest auf dem rechten Wege wandelte; ihr habe ich es zu danken, wenn ich jetzt noch sagen darf, daß ich im Herzen ein Kind bin.
Du selbst, Theodor, verlangst ja, daß ich Dir frei und offen antworten soll; – falsch kann ich auch nimmer seyn. – Das Leben ist mir in der langen Zeit, daß wir nichts von einander hörten, ernster und wichtiger in seinen Beziehungen erschienen: Ich konnte mich Gottlob! ohne Störung, den vergangenen Winter über der Vorbereitung auf meine Confirmation weihen, und ein mir so unendlich theurer Freund, Pastor Wolters, hat mich an der Hand des Glaubens zu diesem hohen Tage geleitet. – Manche ernsten Erfahrungen, die sich mir in diesem Jahre entgegengestellt haben, und die ich Dir hier nicht nennen will, haben dazu beigetragen mein Herz und meinen Verstand zu läutern, und mir das Leben zu zeigen wie es ist – Vieles in mir hat sich verändert, Du kennst mich nicht mehr ganz, sonst hättest Du mir so nicht geschrieben! –
Das Wort zu sprechen, was Du von mir erwartest, ist wahrlich nicht so leicht für mich als Du zu glauben scheinst – und wenn Du es recht erwägen willst, so wirst Du mir recht geben, daß ich noch viel zu jung bin, um mit Ernst einen solchen Gedanken in mir aufzunehmen, wie

vielmehr einen Schritt zu tun, an dem mein ganzes Leben hängt.
Als mir Tante Scherff neulich sagte, Du würdest balde hierher kommen, da freute ich mich recht, Dich einmal wiederzusehen, – (denn oft sprach ich mit der Mutter von Dir in dieser letzten Zeit, und wir wünschten Dir ein gutes Examen) und ich will auch diese Freude festhalten, obgleich sie ein wenig durch Deinen Brief getrübt ward. – Aber an mir soll es nicht liegen, ich biete Dir die Hand dazu, daß wir wieder eben so froh, heiter und unbefangen wie sonst, miteinander sein werden, dann können wir uns gegenseitig wieder recht kennenlernen.
Ich hoffe, Du wirst nichts Hartes und Unfreundliches, sondern nur freie offene Wahrheit in meiner Antwort finden; wenigstens will ich nichts Anderes hineingelegt haben.
Erst Dein Brief gibt jetzt meiner Vermutung die Bestätigung; denn ich glaubte Dich mit Gewißheit gesehen zu haben, aber Mutter hielt es für unmöglich, denn sie sagte, Du würdest mich doch erkannt und gegrüßt haben, und noch gewisser zu uns gekommen sein. – Und warum mußten wir uns darin täuschen? – Ich weiß mir, nach meinen Gefühlen darauf keine Antwort zu geben. – Und was führte Dich gerade zu der Stunde in diese Kirche? Bist Du doch wohl noch niemals dort gewesen! – Auch dort glaubte ich Dich zu erkennen, und sagte noch im Scherz zu Mutter: sein Bild scheint mich zu verfolgen! – Ich fürchte Du hast das Haus des Herrn betreten mit anderen Gedanken, als wie dort hingehören, das sollte mir für Dich leid sein.
Aber über das alles ist besser mündlich abzuhandeln, dann können nicht so leicht Mißverständnisse sich dazwischen werfen, welche ich gern vermeiden möchte. Lebe denn wohl bis auf baldiges Wiedersehen, im alten freundlichen Verhältnis.

Deine Bertha.

Fast eben, da ich meinen Brief abgeschlossen habe, erzählt Mutter mir von der Correspondenz, die Du mit ihr geführt hast; ich habe früher *nichts* davon geahndet.

21. 21. 10. 1842 Hamburg, Th. Rowohl an Th. Storm

Hamburg d. 21.sten Oct: 1842.

Ihren Brief unter Berthas Adresse habe ich ihr selbst übergeben, und dagegen nahm ich von ihr meine Einlage zurück – Sehr leicht kann ich Ihnen verzeihen, guter Storm, daß Sie im Wiederspruch mit Ihrem letzten Briefe sich mir wieder schriftlich nahen, wenn schon es mir etwas unerwartet kommt.
Die mütterliche Liebe zu meiner Pflegetochter gibt mir allerdings gewisse und schöne Rechte, doch nicht habe ich das Recht, über ihre Hand zu verfügen; daher kann ich Ihnen nur für Ihr gütiges Zutrauen danken und muß Sie bitten es nicht zu mißdeuten, wenn ich Ihnen keine genügende Antwort auf Ihre Bitte und Anfrage gebe – Sehr wahrscheinlich befindet sich Bertha's Vater diesen Augenblick in Paris, und unbestimmt ist seine Rückkehr nach Dresden, indeßen kann ich Ihnen wohl seine Adreße nach dorten geben wenn Sie es wünschen; ganz fremd und unbekannt sind Sie ihm nicht, da Bertha ihrem Vater Ihre Lieder, Gedichte und manche Ihrer kindlich freundlichen Beziehungen zu Ihnen in froher Erinnerung mitteilte.
Sie haben sich Ihren Lebensweg mit Sicherheit gezeichnet, Theodor; ich kann ihm mit einiger Klarheit folgen, ganz auffassen, auch liegt mir nichts Schreckendes noch Gefährliches in dem Gedanken daß ein junger Mann den schönen rein poetischen Sinn, die Erinnerung seiner jugendlich aufgefaßten Freuden, eine reich ausgeschmückte Phantasie mit hinübernimmt ins bunt bewegte prosaisch

geschäftige Leben – auch noch gern in seiner inneren Welt fortlebt, wenn er der Außenwelt und ihrem regen Treiben angehört – drum nehmen Sie vorerst den herzlichen Glückwunsch von mir, zu dem von Ihnen sich gewonnenen Standpunct, so wie die Versicherung meiner freundschaftlichen Teilnahme für Ihre Zukunft.
Bertha's Antwort finden Sie in diesen Blättern – gern hätte ich Ihrem jungen Gemüte es erspart mit sich selbst, mit ihrem Herzen und Verstande zu Rate gehen zu müßen, aber nicht immer reicht mütterliche Liebe und Sorge aus, auch wird der innere Mensch sich seiner selbst am besten bewußt wenn er durch besondere Veranlaßung getrieben wird, sich eigene Klarheit zu verschaffen – ich habe Bertha's Brief gelesen mir ist auch jedes Wort klar, ich erkenne sie darinnen so ganz wie sie sich bei ihrem jungfräulichen Gefühl den unschuldigen Kindersinn bewahrte – mit einer stillen Befriedigung gebe ich mich der Überzeugung hin, daß sie sich mit ihrem jungen Leben einen Schatz unverlierbarer Güter gesammelt, der sie selbständig Glück und Leid im schönen Glauben, Lieben und Vertrauen wird auffassen helfen.
Sie werden meiner Versicherung nicht bedürfen daß Bertha's Brief ohne das allergeringste Zutun von meiner Seite geschrieben ist, und laßen Sie mich glauben daß auch Sie darinnen immer die eigentümlichen Grundzüge ihres Characters herausfinden, daß Sie immer ihre innere Seele darinnen erkennen werden, vorausgesetzt daß sie Ihnen nicht noch mehr entfremdet oder aus der Erinnerung entschwunden sind.
Bis nun her erfuhr Bertha nichts von Ihren früher an mich gerichteten Briefen; nur immer war mein Refrain: Sie würden sehr beschäftigt zu Ihrem Examen sein, die Zeit wäre Ihnen wichtig – von Ihrem Vetter Stuhr erfuhr Friede Sie würden hierher kommen, und sie sagte es uns vor 8 Tagen – als nun Bertha Ihren Brief empfing, ihn erbrach und las,

da rief sie aus: ach, wie nett, das dachte ich wohl! – und ihr liebes Auge schaute so freudig – aber dann verstummte sie, bis sie mir den Brief zu lesen bot –
Als Bertha von der Confirmation einer jungen Freundin zurück kam, vor Ostern, war ihre erste Frage: ist Theodor hier gewesen? Sie versicherte, Sie wären ihr begegnet, es hätte in Ihrem Mundwinkel gezuckt, doch gegrüßt hätten Sie nicht – da bestritt ich ihre Behauptung bis sie ungeduldig schwieg – als sie aus der Kirche kam, dieselbe Behauptung von ihr – als sie Friede darauf anhalte und auch diese ihr wiedersprach, sagte sie: nun, dann ist dieses die frappanteste Aehnlichkeit, die ich je gesehen! – und ich muß sagen es ist mir auch nicht in den Sinn gekommen zu glauben Sie wären es wirklich gewesen! –
Sie haben eine schöne Gelegenheit versäumt in ein frommes Kinderherz zu blicken, was sich nun so ganz geborgen glaubt in einer Sturmbewegten Welt, weil es Gott angehört und ihm vertraut – es waren schöne mir unvergeßliche Tage, die wir friedlich in häuslicher Stille mit Bertha's Vater verlebten, und mit einer stillen Wehmut im Herzen, sage ich mir daß sie nur einmal zu erleben sind.
Verzeihen Sie diese letzte Abweichung in meinem Briefe sie kam so unwillkürlich, und ich rechne auf Ihre gütige Nachsicht – die Post drängt, drum nun noch freundlich Lebewohl.

Therese Rowohl.

22. 26. 10. 1842 Hamburg, Th. Rowohl an Th. Storm

Sie sollen wie immer in meiner lieben armen Vaterstadt, und in meinem Hause freundliche Aufnahme, und mein freundliches Willkommen finden; und kommen Sie Donnerstag nicht fort, so wählen Sie die folgenden Tage; ich denke, sie sollen uns allen eine angenehme Erinnerung hinterlassen. Bertha grüßt Sie freundlichst und dankt Ihnen Ihren lieben Brief. Wie immer freundschaftlich, Therese Rowohl.

23. November 1842 o. O., Th. Storm an Th. Rowohl

Ich kann nicht und käme der ganze Himmel zu mir, ich müßte mich abwenden. Leben Sie wohl! Gott segne Sie, und lasse Bertha einmal von einer Liebe umfangen werden, wie ich sie vergebens zu ihr im Herzen trug.

24. 15. 09. 1843 Hamburg, Th. Rowohl an Th. Storm

Hamburg den 15ten Sept. 1843.

Ihre mir für Bertha eingesandten Lieder, guter Storm, habe ich derzeit richtig empfangen und an die Behörde eingeliefert – Bertha dankt es Ihnen freundlichst daß Sie so schnell Ihr Versprechen gelöst – daß ich Ihnen ihren Dank erst jetzt so spät dafür ausspreche habe ich allein bei Ihnen zu verantworten und bitte um Verzeihung. Das Duett ist hübsch, und Bertha wird es schon nett singen wenn sie sicherer im Festhalten ihrer Töne ist, es liegt so gut in ihrer Stimme, doch sagt ihr Lehrer es wäre nur hübsch in Begleitung einer Tenorstimme wie der Komponist ja auch ausgeprochen, da wird der Gesang mit Friede dazu nicht eignen, weil die Stimmen im beständigen Kampf begriffen scheinen – Doktor Schöne will Bertha nicht zugestehen daß sie ein schweres g hält, daher wird sie das gis in dem zweiten Lede nicht singen dürfen, und es um einen Ton tiefer transponieren –
Wir haben unsere leben Itzehoer Freundinnen wieder von

Pyrmont zurück, und verlebten schöne Tage des Wiedersehens mit ihnen; ich denke mir daß Sie Freude von ihrer Bekanntschaft aufgenommen haben, darum nenne ich Ihnen ihre Namen. Wenn Ihre Tante Elsabe noch bei Ihnen weilt, bitte, so bringen Sie ihr meine herzlichen Erwiederungsgrüße –
Daß Fräulein Guste Krogh mit dem Polizeiassistenten Hilmers versprochen, hörte ich mit Vergnügen, weil ich daran die Aussicht knüpfte sie in unserer Nähe zu haben – Sie verlieren zwar Ihre Prima Donna in Ihrem Singverein dadurch, und das tut mir für Sie und den Verein leid – sprechen Sie ihr, wenn Sie es wollen, meine freundliche Teilnahme aus – meine Schwester so wie Bertha grüßen Sie freundlichst nicht minder ich.–

Freundschaftlich
Therese Rowohl.

Anhang

Zu den Texten

Fast alle Texte, die aus der Zeit von Storms Liebe zu Bertha von Buchan stammen, sind bereits veröffentlicht worden; aus ihren Nachlaßpapieren druckte R. Johannes Meyer in einem bibliophilen Privatdruck 13 Gedichte, das Märchen „Hans Bär" und Storms Geburtstagsbrief an Bertha vom 31. Januar 1841. Einige von Storm gesammelte Briefe und weitere Papiere aus dem Nachlaß Berthas bilden den Grundstock der Briefe, Aufzeichnungen und Gedichte, die der amerikanische Germanist Elmar Otto Wooley für die erste Dokumentation von Storms Liebe zu Bertha in seinem Buch „Studies in Theodor Storm" verwendete, das 1943 in Bloomington, Indiana erschien. Erst 1951 hat Wooley dann seine Arbeit, die er zunächst ohne Kenntnis des Drucks von Meyer verfaßte, in einer erweiterten Fassung (als vervielfältigtes Manuskript) veröffentlicht. Seine Darstellung wurde ohne das Kapitel „The Bertha-Poems of Storm" 1953 in den „Schriften der Theodor-Storm-Gesellschaft" in deutscher Übersetzung nachgedruckt. Wooley ordnet diesem Abschnitt in Storms Schaffen 37 Gedichte zu.

Heute ist es uns aufgrund neuerer biographischer Forschungen möglich, weitere 52 Gedichte diesem Zeitraum zuzuordnen, außerdem wurden handschriftliche Notizen Storms mit autobiographischen Texten und Gedichtentwürfen erschlossen sowie ein weiterer Brief Friederike Scherffs an Storm gefunden, so daß das Textkorpus zur Beziehung Theodor Storms zu Bertha von Buchan um etliches angewachsen ist; die Anzahl der dem Bertha-Erlebnis zugeschriebener Gedichte hat sich sogar mehr als verdoppelt.

Die von Wooley benutzten Handschriften liegen mittlerweile im Storm-Archiv und konnten durch den Ankauf der von Meyer benutzten Nachlaßtexte ergänzt werden; die Sammelhandschrift „Meine Gedichte" ging aus dem Nachlaß von Gertrud Storm an das Archiv des Nissenhauses über, so daß fast der gesamte Nachlaßkomplex heute in Husum lagert. Dem Leiter des Nissenhauses, Herrn Dr. Klaus Lengsfeld, danke ich für die Erteilung der Abdruckgenehmigung.

Bei der Überprüfung der von Wooley gedruckten biographischen Texte fanden sich eine Reihe von Auslassungen und Fehlern, die bereits von Dieter Lohmeier im 4. Band der Säkularausgabe sämtlicher Werke Storms berichtigt wurden. Das gilt auch für einen Teil der Gedichte, die zwar – bis auf drei hier zum erstenmal veröffentlichte – von Dieter Lohmeier im 1. Band der Säkularausgabe (LL) kritisch ediert wurden; da aber die Editionsgrundlage dieser Ausgabe die jeweils letzte von Storm zum Druck gegebene Fassung ist, konnte eine Reihe von Textfassungen aus der Zeit von Storms Verhältnis zu Bertha nicht oder nur im Kommentar berücksichtigt werden. In der vorliegenden Edition werden alle Gedichte in der Fassung aus dem fraglichen Zeitraum gedruckt. Einige Gedichte, die zuerst im „Liederbuch dreier Freunde" gedruckt wurden, sind in dieser Ausgabe bei 1843 eingereiht, obwohl sie vermutlich älter sind.

Neben der ersten Prosaarbeit Storms, dem Märchen „Hans Bär", konnte auch ein weiterer Erzähltext diesem Zeitraum zugeordnet werden, der Entwurf für die 1851 veröffentlichte Erzählung „Posthuma". Dieser in der Forschung bisher wenig beachtete Erzählung kommt durch den hier erstmals der Zeit mit Bertha zugeordneten Entwurf eine neue Bedeutung für die Entwicklung von Storms Erzählkunst zu.

Der Abdruck erfolgt buchstabengetreu nach den Handschriften bzw., wenn diese fehlen, nach den Erstdrucken aus der Zeit der Liebe zu Bertha bzw. aus der unmittelbaren Folgezeit. Bei Gedichten, die Storm später verändert hat, wird die frühe Fassung aus der Zeit seiner Liebe zu Bertha wiedergegeben. Über die Entscheidungen des Herausgebers, wenn mehrere voneinander abweichende Textzeugen aus dieser Zeit vorliegen, gibt in jedem Fall der Kommentar Auskunft.

Bei den Gedichten und Erzählungen wurden die zur Stormzeit üblichen Punkte am Ende einer Überschrift weggelassen und die Abkürzungen aufgelöst; die Rechtschreibung wurde modernen Regeln angeglichen. In einigen Fällen handelt es sich bei den überlieferten Gedichthandschriften um Entwürfe, die noch keine oder nur spärliche Interpunktionszeichen enthalten; sie wurden dann behutsam ergänzt.

Bei den Briefen und Dokumenten werden Abkürzungen sowie fehlende Wörter in < ... > ergänzt, Zusätze des Herausgebers stehen in [...]. Die altertümliche Schreibweise wurde in den Texten nach modernen Regeln vereinheitlicht, die von modernen Regeln abweichende Getrenntschreibung und die Großschreibung von Indefinitpronomen aber beibehalten.

Die manchmal von den heutigen Regeln beträchtlich abweichende Interpunktion der Briefe blieb unangetastet; so benutzt Therese Rowohl den Bindestrich häufig als Satzschlußzeichen und schreibt danach klein weiter, auch die Funktion des Semikolons weicht gelegentlich von der modernen ab.

Zwei Briefabschriften Storms enthalten eine so große Fülle von Abkürzungen, daß diese im Interesse der Lesbarkeit aufgelöst wurden; vergl. hierzu die Einzelkommentare zu den Briefen.

Bei der Zusammenstellung des Kommentars habe ich dankbar den Handschriftenkatalog von Karl Ernst Laage

und die Kommentare von Dieter Lohmeier (LL 1 und LL 4) verwendet; die Abkürzungen und Siglen dieser beiden Dokumentationen werden auch in dieser Ausgabe verwendet.
Beiden Mitherausgebern der Reihe „Editionen aus dem Storm-Haus“ danke ich darüber hinaus für mannigfache Auskünfte und Anregungen bei der Erstellung des Manuskripts.

Verzeichnis der Siglen und Abkürzungen

G 1840	Gedichthandschrift (12 Seiten), enthält 11 Gedichte, von Storm während der Kieler Studentenzeit 1840 niedergeschrieben (Storm-Archiv, Husum).
G 1851	Gedichthandschrift (47 Seiten), enthält 44 Gedichte, von Storm 1851 bei der Vorbereitung zur ersten Buchausgabe seiner Gedichte zusammengestellt (Staatsbibliothek der Stiftung Preußischer Kulturbesitz, Berlin).
G^{1} 1852	Theodor Storm: Gedichte. Kiel 1852.
H	Handschrift(en)
E	Erstdruck
D	weitere Drucke
LdF	Liederbuch dreier Freunde von Theodor Mommsen, Theodor Storm und Tycho Mommsen. Kiel 1843.
LL 1/4	Theodor Storm. Sämtliche Werke in vier Bänden. Bd. 1: Gedichte, Novellen 1848–1867. Hg. von Dieter Lohmeier. Frankfurt am Main 1987. Bd. 4: Märchen, kleine Prosa. Hg. von Dieter Lohmeier. Frankfurt am Main 1988.
MG	Meine Gedichte. Sammelhandschrift Storms (127 Seiten), enthält neben von 1 bis 107 durchnumerierten Jugendgedichten aus den Jahren 1833–1841 Aufzeichnungen, Notizen und Entwürfe (Nissenhaus, Husum).
NLb	Neues Liederbuch, Sammelhandschrift (52 Bl.), von Storm 1846–1881 benutzt, enthält 103 Gedichte (Schleswig-Holsteinische Landesbibliothek, Kiel); 34 Gedichte hat Gertrud Storm als Faksimile veröffentlicht: Theodor Storm. Zum hundertsten Geburtstag 14. September 1917. Berlin 1917; 2. Aufl. unter dem Titel: Theodor Storm. Heimatlieder. In der Handschrift des Dichters. Berlin 1928.

SHLB	Schleswig-Holsteinische Landesbibliothek, Kiel
StA	Storm-Archiv, Husum
STSG	Schriften der Theodor-Storm-Gesellschaft, Heide 1952 ff.
SuL	Theodor Storm: Sommergeschichten und Lieder. Berlin 1851.
/	Zeilentrenner

Verzeichnis der Literatur

Gerd Eversberg: Rätsel und Wortspiele von Theodor Storm. Mit bisher ungedruckten Versen. In: STSG 44 (1995), S. 41–49.

Karl Ernst Laage: Theodor Storm und Bertha von Buchan. In: Schleswig-Holstein 1979, H. 4, S. 14 f.

Karl Ernst Laage: Der handschriftliche Nachlaß Theodor Storms. In: K. E. L.: Theodor Storm. Studien zu seinem Leben und Werk mit einem Handschiftenkatalog. Berlin, 2. erweiterte und verbesserte Aufl. 1988, S. 156–209.

Georg Lemcke: Die Frauen im Leben des jungen Theodor Storm. Berlin 1936.

R. Johannes Meyer (Hg.): Bertha von Buchan und Theodor Storm. Hamburg 1930. (Privatdruck für den Buchbund in Hamburg)

Getrud Storm: Theodor Storm. Ein Bild seines Lebens. Bd. 1: Jugendzeit. Berlin 1912.

Elmer Otto Wooley: Storm and Bertha von Buchan. In: E. O. W.: Studies in Theodor Storm. Bloomington (Indiana) 1943.

Elmer Otto Wooley: Storm and Bertha von Buchan. Bloomington 1951. (Um die Texte bei Meyer [1930] erweiterter Beitrag)

Elmer Otto Wooley: Storm und Bertha von Buchan. In: STSG 2 (1953), S. 19–51. (Deutsche Übersetzung von Woolys erweitertem Beitrag (Bloomington 1951), ohne das Kapitel »The Bertha-Poems of Storm«)

Abbildungsverzeichnis

Abb. 1
Theodor Storm (1817–1888). Foto von G. F. Krauss, Stuttgart (nach einer Daguerreotypie, die Ende Dezember 1852 in Berlin aufgenommen wurde). In: Ludwig Seeger (Hg.), Deutsches Dichterbuch aus Schwaben [...]. Mit sechzehn photographirten Dichterporträts. Stuttgart 1864.

Abb. 2
Bertha von Buchan (1826–1903). Kinderbild; Miniatur von E. Kister, Mai 1833. Foto: Storm-Archiv, Husum.

Abb. 3
Bertha von Buchan, Brief an Theodor Storm; Hamburg, 7. Oktober 1839 (Storm-Archiv, Husum).

Abb. 4
Bertha von Buchan, Brief an Theodor Storm; Hamburg, 31. Dezember 1840 (Storm-Archiv, Husum).

Abb. 5
Theodor Storm, Brief an Bertha von Buchan mit dem Gedicht „Und als das Kind geboren ward"; Kiel, 31. 1. 1841 (Storm-Archiv, Husum).

Abb. 6
Titelblatt der Handschrift „Hans Bär. Ein Mährlein erzählt von H. Th. W. Storm." (Storm-Archiv, Husum).

Abb. 7
„Kranzwinden", Gedicht von Theodor Storm. in: Volksbuch auf das Jahr 1846 für die Herzogthümer Schleswig, Holstein und Lauenburg. Altona 1845, als Kalenderspruch zum Monat Mai. Foto: Storm-Archiv, Husum.

Bibliographische Nachweise und Kommentar

Gedichte

Liebesweh (S. 30)
H: MG (Nissenhaus, Husum), S. 66–68 (Nr. 83) mit der Datierung „Weihnachtmorgen." (1) und „2. Jan. 1837." (4).
E: LL 1, S. 179.
Hier nach der Handschrift.

jach] Nebenform von „jäh".

Logogryph (S. 31)
H: MG (Nissenhaus, Husum), S. 68 f. (Nr. 84) mit der Datierung „31. Dez. 36."
E: LL 1, S. 180.
Lösung: Norden – Orden.
Hier nach der Handschrift.

Logogryph] (griechisch logos = Wort; griphos = Netz, Rätsel): Buchstabenrätsel, bei dem durch Versetzung, Auslassung oder Hinzufügung einzelner Buchstaben eines Wortes ein neues entsteht, die beide zu erraten sind.
Goldfrucht] Orange.
Barden] Dichter, Sänger von germanischen Heldenliedern.

Des Kindes Gebet (S. 32)
H: 1. MG (Nissenhaus Husum), S. 69 (Nr.. 85) mit der Überschrift „Das Kind im Bette" und dem Datum „5. Jan. 37"; 2. Einzelblatt im Nachlaß Bertha von Buchans mit der veränderten Überschrift auf einem Blatt mit „Des Kindes Träne" [StA, Husum]; 3. in G 1840 (StA, Husum).
E: Volksbuch auf das Jahr 1846 für die Herzogthümer Schleswig, Holstein und Lauenburg. Altona 1845, im Kalendarium beim Monat Januar mit der ursprünglichen Überschrift.
Hier nach der 2. Handschrift im StA, Husum.

Des Kindes Träne (S. 32)
H: Nachlaß Bertha von Buchan (StA, Husum) auf einem Blatt mit „Des Kindes Gebet" (s. dort).
E: LL 1, S. 181.
Hier nach der Handschrift.

Lockenköpfchen (S. 33)
H: 1. MG (Nissenhaus, Husum), S. 70–72 (Nr. 87) mit der Datierung – „6. u. 7. Jan. 37." sowie einigen auf S. 81 nachgetragenen Varianten; 2. Abschrift auf einem Einzelblatt (SHLB) aus dem Besitz von Storms Berliner Studienfreund Albert Wagner sowie 3. eine Reinschrift in G 1840 (StA, Husum).
E: Neue Pariser Modeblätter 12. 1838, Nr. 26, Sp. 409–411.
Hier nach der 1. Handschrift.

Es blühet an Stromes Rande (S. 35)
H: MG (Nissenhaus, Husum), S. 69 f. (Nr. 86) mit der Datierung „19 März 1837."
E: LL 1, S. 182.
Hier nach der Handschrift.

Morgensonne (später „Dahin!") (S. 35)
H: MG (Nissenhaus, Husum), mit der später hinzugefügten Überschrift „Morgensonne.", S. 72 f. (Nr. 88).
E: Neue Pariser Modeblätter 12. 1838, Nr. 36, Sp. 493.
Hier nach der Handschrift.

An – (S. 35)
H: MG (Nissenhaus, Husum), S. 73. (Nr. 89).
E: Paul Schütze: Theodor Storm, Berlin 1887, S. 50 (1. Strophe); Theodor Storms Sämtliche Werke in acht Bänden, hg. von Albert Köster, Leipzig 1919/1920, Bd. 8, S. 185 (2. Strophe).
Hier nach der Handschrift.

Möwe u. Herz (später „Die Möwe und mein Herz") (S. 36)
H: 1. MG (Nissenhaus Husum) , S. 42 f. (Nr. 60) zwischen Gedichten, die

auf April 1836 datiert sind; 2. Nachlaß Bertha von Buchan (StA, Husum) auf einem Blatt mit „Der Räuberhauptmann“, „Es glänzt im dunkeln Laube“ und „Noch einmal, liebe Sonne“ sowie mit dem Hinweis „ThW-Storm. Adr. Herrn Giffhorn, Balauerfohr in Lübeck.“, also Anfang 1837.
E: Album der Boudoirs. Publikation der Zeitschrift „Europa“, Stuttgart 1839, S. 70.
Hier nach der 2. Handschrift im StA, Husum.

Es glänzt im dunkeln Laube (S. 36)
H: 1. MG (Nissenhaus Husum) , S. 44 f. (Nr. 62) zwischen Gedichten, die auf April 1836 datiert sind und eine Variante der letzten Strophe auf S. 81 aus der Zeit nach 1837; 2. Nachlaß Bertha von Buchan (StA, Husum) auf einem Blatt mit „Möwe u. Herz“, „Der Räuberhauptmann“ und „Noch einmal, liebe Sonne“ sowie dem Hinweis „ThWStorm. Adr. Herrn Giffhorn, Balauerfohr in Lübeck.“
E: R. Johannes Meyer (Hg.): Bertha von Buchan und Theodor Storm, S. 15 f. (nach der 2. Handschrift).
Hier nach der 2. Handschrift im StA, Husum.

Der Räuberhauptmann (S. 37)
H: 1. MG (Nissenhaus Husum), S. 38 (Nr. 53) ohne Überschrift mit der Datierung „20. Juni 1836“; 2. Nachlaß Bertha von Buchan (StA, Husum) auf einem Blatt mit „Möwe u. Herz“, „Es glänzt im dunkeln Laube“ und „Noch einmal, liebe Sonne“ sowie dem Hinweis „ThWStorm. Adr. Herrn Giffhorn, Balauerfohr in Lübeck.“
E: R. Johannes Meyer (Hg.): Bertha von Buchan und Theodor Storm, S. 14 f. (nach der 2. Handschrift).
Hier nach der 2. Handschrift im StA.

Noch einmal, liebe Sonne (später „*Der Kranke*“) *(S. 38)*
H: 1. MG (Nissenhaus Husum) , S. 38 (Nr. 54) mit der Überschrift „Der Kranke“ im Sommer 1836 eingetragen; 2. Nachlaß Bertha von Buchan (StA, Husum) auf einem Blatt mit „Möwe und Herz“, „Es glänzt im dunkeln Laube“ und „Der Räuberhauptmann“ sowie dem Hinweis „ThW-Storm. Adr. Herrn Giffhorn, Balauerfohr in Lübeck“.
E: R. Johannes Meyer (Hg.): Bertha von Buchen und Theodor Storm, S. 15 (nach der 2. Handschrift).
Hier nach der 2. Handschrift im StA.

Heimwärts? (S. 38)
H: MG (Nissenhaus, Husum), S. 75 (Nr. 91) mit der Datierung „Lübeck. Ost<ern> 37.“
E: LL 1, S. 184.
Hier nach der Handschrift.

Blüten rauschen, Lieder klingen (S. 39)
H: MG (Nissenhaus, Husum), S. 73 f. (Nr. 90) mit der Datierung „Husum Ost<er>ferien 1837."
E: LL 1, S. 185.
Hier nach der Handschrift.

Walpurgisnacht (S. 40)
H: 1. MG (Nissenhaus, Husum), S. 79 f. (Nr. 92) mit der Datierung „19 Juni 1837."; 2. Abschrift auf einem Einzelblatt (SHLB) aus dem Besitz von Storms Berliner Studienfreund Albert Wagner sowie 3. eine Reinschrift in G 1840 (StA, Husum).
E: Neue Pariser Modeblätter 12.1838, Nr. 20, Sp. 305 f.
Hier nach der 1. Handschrift.

Walpurgisnacht] Die Nacht vom 30. April auf den 1. Mai galt im Volksglauben als die „Walpurgisnacht", in der die Hexen den Hexensabbat feierten und auf dem Blocksberg im Harz dem Satan huldigten.
Am Kreuzweg] Ort der Teufelsbeschwörung.
jach] Nebenform von „jäh".
Distel und Drachenzahn] Disteln galten als den Hexen gemäße „Blumen", den Drachenzähnen wurden magische Kräfte zugeschrieben.
Auerhahn] Der Auerhahn gilt in der Sage als Verkörperung des Teufels.
Dirne] Im 18. und 19. Jahrhundert „Mädchen" ohne negative Nebenbedeutung.

Das Böse meiden (S. 41)
H: MG (Nissenhaus, Husum), S. 80 (Nr. 93) mit der Datierung „15 Sept. 37."
E: LL 1, S. 187.
Hier nach der Handschrift.

trille dich fort] drehe dich fort.
Lebensrädchen] Das Rad wird als Symbol des Lebens betrachtet.

Ein Schutzengel (später „Mein Talismann") (S. 41)
H: 1. MG (Nissenhaus, Husum), S. 82 (Nr. 94) mit dem Hinweis „16 Dec 1837. umgearb<eite>t 31 May 39". 2. Eigenhändige Abschrift aus dem Besitz von Storms Berliner Studienfreund Albert Wagner (SHLB, Kiel), datiert „31. Mai 1839" ohne Spuren der vermerkten Umarbeitung.
E: Nach der Handschrift in: Theodor Storm. Gedenkbuch zu des Dichters 100. Geburtstag, hg. von Friedrich Düsel, Braunschweig 1916, S. 39.
Hier nach der Handschrift in MG.

Schloßen] Hagelkörner.
der erste Mai] die Walpurgisnacht, in der die Hexen dem Satan huldigten.

Zusammen Bub und Mädchen (später „Kranzwinden") (S. 42)
H: MG (Nissenhaus, Husum), S. 82 (Nr. 95) ohne Überschrift und mit dem Hinweis „in Kiel.", also zwischen April 1837 und März 1838.
E: Volksbuch auf das Jahr 1846 für die Herzogthümer Schleswig, Holstein und Lauenbugr. Altona 1845, als Kalenderspruch zum Monat Mai.
Hier nach der Handschrift.

Die Ruhestörerin (S. 42N)
H: MG (Nissenhaus, Husum), S. 87 (Nr. 99); 1838 oder Anfang 1839 eingetragen.
E: Franz Stuckert: Theodor Storm. Sein Leben und seine Welt, Bremen 1955, S. 177.
Hier nach der Handschrift.

Widmung (später „Bei meinen Liedern") (S. 43)
H: 1. Einzelblatt (SHLB, Kiel) mit der Überschrift „Ihr sind meine Lieder gewidmet"; 2. MG (Nissenhaus, Husum), S. 90 f. (Nr. 102) mit der Überschrift „Widmung" und der Datierung „Frühjahr 1839"; 3. etwas veränderte Form in G 1840 (StA).
E: Nach der 1. H in Westermanns Monatshefte 121 (1916/17), S. 40.
Hier nach der 2. Handschrift

Vom Königskinde] Das Motiv der durch einen Riesen entführten Prinzessin, die in Ketten schmachten muß, bis sie ein Ritter befreit, ist in der Märchenüberlieferung sehr verbreitet; Storm hat solche Erzählungen auch im Zusammenhang mit seiner Sammlung von Anekdoten, Sagen und Märchen aus Schleswig-Holstein kennengelernt; in der von Karl Müllenhoff herausgegebenen Sammlung findet es sich zum Beispiel in einem aus Marne überlieferten Märchen, das unter dem Titel „Das blaue Band" (Märchen, Sagen und Lieder der Herzogthümer Schleswig, Holstein und Lauenburg, Kiel 1845, Nr. 11) gedruckt ist.

Wie, noch immer in den braunen (S. 44)
H: Einzelblatt aus dem Besitz von Storms Berliner Studienfreund Albert Wagner; entstanden wohl im Sommer 1838 (SHLB, Kiel).
E: Westermanns Monatshefte 121 (1916/17), S. 39.
Hier nach der Handschrift.

Dämmrungsvögel] Nachtfalter; die Schmetterlinge wurden im 18. und 19. Jahrhundert „Sommervögel" genannt.
Nachtviolen] Kreuzblütler mit purpurfarben, violetten oder weißen Blüten.

In der Fremde (S. 45)
H: 1. Einzelblatt (SHLB, Kiel) mit der Datierung „30. Mai 1839"; 2. Reinschrift mit der Unterschrift „HTWSt." (SHLB, Kiel), 3. Abschrift in MG (Nissenhaus, Husum), S. 89 (Nr. 101) mit dem Datum „30. Mai 1839", 4. mit Veränderungen im Nachlaß Bertha von Buchan (StA, Husum) zusammen mit „Fragen" und „Auf Wiedersehn".
E: Westermanns Monatshefte 121(1916/17), S. 39 (nach der 2. Handschrift).
Hier nach der 4. Handschrift im StA, Husum.

Fragen (S. 45)
H: Nachlaß Bertha von Buchan (StA, Husum) zusammen mit „In der Fremde" und „Auf Wiedersehn."
E: R. Johannes Meyer (Hg.): Bertha von Buchan und Theodor Storm. Hamburg 1930, S. 39.
Hier nach der Handschrift.

Auf Wiedersehn! (Das Mädchen spricht) (S. 46)
H: 1. und 2. Handschrift im Nachlaß Theodor Storms (SHLB, Kiel), 3. Nachlaß Bertha von Buchan (StA, Husum) zusammen mit „In der Fremde" und „Fragen".
E: Album der Boudoirs. Publikation der Zeitschrift „Europa", Stuttgart 1839, S. 102.
Hier nach der 3. Handschrift im StA, Husum.

Ich weiß eine schöne Blume (S. 46)
H: MG (Nissenhaus, Husum), S. 91 (Nr. 104); vermutlich Sommer 1839 eingetragen.
E: LL 1, S. 195.
Hier nach der Handschrift.

Ständchen (S. 47)
H: MG (Nissenhaus, Husum), S. 93 (Nr. 105); vermutlich Sommer 1839 eingetragen; ein Entwurf S. 100.
E: LL 1, S. 196.
Hier nach der Handschrift.

Rätsel („Was schaun die Reckenbilder rings") (S. 47)
H: MG S. 93 (Nissenhaus Husum) (Nr. 106), (unvollständig?) eingetragenes Rätsel, wohl aus dem Jahre 1839; möglicherweise das von Bertha in ihrem Brief vom 7. 10. 1839 angesprochene „andere" Rätsel.
Lösung: grimm, grimmig (zornig) – Grimm (heftige Wut).
E: Gerd Eversberg: Rätsel und Wortspiele von Theodor Storm. Mit bisher ungedruckten Versen. In: STSG 44 (1995), S. 46.
Hier nach der Handschrift.
In Zusammenhang mit diesem Rätselgedicht steht eine Spukgeschichte,

die Storm etwa zur selben Zeit auf Seite S. 108 seiner Sammelhandschrift MG eingetragen hat:
„Der sogenannte Rittersaal des Husumer Schlosses, war noch in meinen Knabenjahren dicht behangen mit den Porträts alter Ritter und Damen, meist in Lebensgröße. Jetzt sind die Bilder nach Kopenhagen geschafft. Darunter aber war das Bild eines Ritters, der mußte erröthen, wenn mans ansah; wir machten uns als Knaben oft mit heimlichen Grauen dieß Vergnügen."
Sie wurde von Karl Müllenhoff unter Überschrift „Das errötende Bild" in seine Sammlung (Sagen, Märchen und Lieder der Herzogthümer Schleswig, Holstein und Lauenburg, Kiel 1845) als Nr. 548 aufgenommen.

Rätsel („Tochter der Erde") (S. 48)
H: Nachlaß Bertha von Buchan (StA, Husum) mit der Unterschrift „ThWStorm."
Lösung: die Wolke
Hier nach der Handschrift.
E: R. Johannes Meyer (Hg.): Bertha von Buchan und Theodor Storm. Hamburg 1930, S. 43.
Hier nach der Handschrift.

Das Rätsel könnte Storm auf Bitten Berthas verfaßt haben, die am 7. 10. 1839 an ihn schrieb: „Vergiß auch nicht, mir das versprochene Rätsel zu schicken, lieber Theodor ; ich werde es gewiß bessser in Ehren halten wie das andere; aber bitte schreib es nicht im Brief, sondern auf ein einzelnes Blättchen."
Im Nachlaß von Bertha von Buchan finden sich neben dem Zettel mit dem Rätsel „Tochter der Erde" vier weitere Rätsel von anderer Hand geschrieben; sie belegen, daß es Mode war, solche Texte im geselligen Spiel zu schreiben und zu verschenken.

Nach frohen Stunden (S. 48)
H: 1. in G 1840 mit dem Untertitel „An –" (StA, Husum); 2. Nachlaß Bertha von Buchan (StA, Husum), in etwas abweichender Fassung „Theodor. Kiel, den 20sten Juni. 1840. *An Bertha.*"
E: In: Theodor Storm. Gedenkbuch zu des Dichters 100. Geburtstag, hg. von Friedrich Düsel, Braunschweig 1916, S. 45 f.
Hier nach der 2. Handschrift im StA, Husum.

Abends (S. 49)
H: G 1840 (StA).
E: Gedenkbuch zu des Dichters 100. Geburtstag, hg. von Friedrich Düsel, Braunschweig 1916, S. 46f.
Hier nach der Handschrift.

ein gefeiter Zügel] „Feien" bedeutet: nach Art der Feen bezaubern; ein durch Magie vor Zerstörung geschützter Zügel.

Sonntagsfrühe (S. 50)
H: Nachlaß Bertha von Buchan (StA, Husum) zusammen mit „Hüben, drüben".
E: R. Johannes Meyer (Hg.): Bertha von Buchan und Theodor Storm. Hamburg 1930, S. S. 40.
Hier nach der Handschrift.

Hüben, Drüben (S. 51)
H: 1. Einzelblatt (Kladde) mit der Überschrift „Bilder" und der Datierung „Kiel, den 4. Juli 1840" zusammen mit „Was ist ein Kuß" (Nissenhaus, Husum); 2. Reinschrift im Nachlaß Bertha von Buchan (StA, Husum) zusammen mit „Sonntagsfrühe"; 3. in G 1840 (StA).
E: Lyrisches Album, Beigabe der Zeitschrift Europa, hg. von August Lewald, Karlsruhe 1841, S. 134 f.
Hier nach der 2. Handschrift im StA, Husum.

Was ist ein Kuß? (S. 52)
H: Einzelblatt (Nissenhaus, Husum) mit der Datierung „Kiel, d. 5 July 1840." zusammen mit „Hüben, drüben"
E: LdF (in verkürzter Fassung), S. 120.
Hier nach der Handschrift.

> *des Tokaiers sonnenheißen Reichen]* Weinbaugebiet an der Theiß in Ungarn, wo schwerer Rotwein gekeltert wird.

All meine Lieder will ich (S. 52)
H: Verbleib unbekannt; Faksimile mit der Datierung „Hamburg, 28. Oct 1840. Morgens."
E: als Faksimile in: Deutsche Dichtung, hg. von Emil Franzos 5 (Oktober 1888/März 1889), S. 28.
Hier nach dem Faksimile.

Schweig stille mein Herze! (S. 53)
H: Verbleib unbekannt; Faksimile mit der Datierung der beiden Teile „16. Nov." und „17. Nov."
E: Als Faksimile in: R. Johannes Meyer (Hg.): Bertha von Buchan und Theodor Storm. Hamburg 1930, vor S. 1.; sowie Abdruck S. 51.
Hier nach dem Faksimile.

Was man wohl öfters fragen könnte (später „Frage") (S. 53)
H: unbekannt.
E: LdF, S. 86 (ohne Überschrift mit Abweichungen „Wenn einsam du im Kämmerlein gesessen,"); in dem von R. Johannes Meyer herausgegeben Privatdruck (Bertha von Buchan und Theodor Storm. Hamburg 1930, S. 86) ist der Text eines damals noch vorhandenen Manuskripts aus dem Nachlaß von Bertha von Buchan wiedergeben mit dem Datum „28 Nov." und der Notiz: „Die Fassung dieses so einfachen, wie wahren Gedankens

schien mir glücklich genug, um ihn der poetischen Schieblade deiner Schatulle übermachen zu können. Dein Th."
Seit 1852 mit der Überschrift „Frage" in den „Gedichten".
Hier nach dem Druck bei Meyer.

Goldriepel (S. 53)
H: unbekannt.
E: Lyrisches Album, Beigabe der Zeitschrift Europa, hg. von August Lewald, Karlsruhe 1841, S. 30–32.
Hier nach dem Erstdruck.

Goldriepel] Riepel ist eine Nebenform zu „Rüpel".
am gähen Abgrund] gäh ist eine alte nebenform zu „jäh".
Funkelgestein] glitzernde Gesteinsadern, die wertvolle Mineralien führen.
Demant] bis ins frühe 18. Jahrhundert neben „Diamant" gebräuchlich, dann nur noch als poetischer Ausdruck.
Marmelstein] Deutsche Ableitung des Fremdwortes „Marmor": Marmorstein
die faule Sterze] Die Bedeutung dieses Wortes ist unklar. „Möglicherweise von Storm nach dem Vorbild von nd. „Stört": unfruchtbarer, eisenhaltiger Boden, gebildet." (Lohmeier, LL1, S. 937.)

Morgenwanderung (S. 55)
H: unbekannt.
E: Lyrisches Album, Beigabe der Zeitschrift Europa, hg. von August Lewald, Karlsruhe 1841, S. 133 f.
Hier nach dem Erstdruck.

Flechten] Haarsträhnen.
Schleuß auf] „schleußen" ist eine alte Nebenform zu „schließen", die im 19. Jahrhundert nur noch in poetischen Texten verwendet wurde.

Polterabendszene (S. 56)
H: Entwurf und Reinschrift (StA, Husum) mit der Unterschrift „ThWStm".
E: (Zeilen 1–58 des Entwurfs) Gertrud Storm: Wie mein Vater Immensee erlebte. Wien und Leipzig 1924, S. 58–61, des ganzen Entwurfs: E. O. W.: Studies in Theodor Storm. Bloomington (Indiana) 1943, S. 31. Erstdruck der Reinschrift: LL 1, S. 204–208.
Bertha bedankt sich für die Reinschrift in ihrem Brief vom 15. 11. 1840.
Hier nach der Reinschrift im StA, Husum.

Dirne, Bube] Hier Mädchen und Knabe ohne abwertenden Beiklang; im Entwurf nennt Storm das Mädchen „Theresitta"; er spielt damit auf Therese Rowohl an, deren Vornamen Storm durch die Endung „–itta" einen zigeunerhaften Klang gibt.

Norne] germanische Schicksalsgöttin.

Böhmerland] Bertha ist in Böhmen geboren, und Böhmen gilt als Zigeunerland.

Alraun] Wurzel eines Nachtschattengewächs; galt als Liebeszauber.

Schuhu] Uhu.

Elfenhorn] Elfen sind in der gemanischen Mythologie zumeist hilfreiche Zaubergeister.

Tambourin] zylindrische Trommel, die mit zwei Fellen bespannt ist.

Nepomuk] Johannes Nepomuk, Nationalheiliger Böhmens, wurde 1389 auf Befehl König Wenzels IV. in der Moldau ertränkt.

Schlußlied (S. 61)
H: Einzelblatt, Entwurf (StA, Husum).
E: Elmer Otto Wooley: Storm and Bertha von Buchan. In: E. O. W.: Studies in Theodor Storm. Bloomington (Indiana) 1943, S. 31.
Strom hat die 12. Zeile rechts neben der 11. nachträglich eingefügt; unter dem Gedicht notiert er: „Es liegt in ihrem Wesen ein über ihre Jahre hinausgerückter Schmelz der Empfindung, die ihr die ernste Kunst des Schauens künftiger Dinge verleihen. Der Knabe ist zutraulich, naiv, dreist." Dadurch kann das Gedicht der „Polterabendszene" zugeordnet werden.
Hier nach der Handschrift.

Weihnachtsgruß (später: „Zum Weihnachten") (S. 62)
H: Nachlaß Bertha von Buchan (StA, Husum) mit dem Datum „Kiel, im Decembr. 1840." Später weiter bearbeitet.
E: (auf 7 Strophen verkürzt) in LdF, S. 87 f; nach der Handschrift für Bertha: R. Johannes Meyer (Hg.): Bertha von Buchan und Theodor Storm. Hamburg 1930, S. 45–50.
Hier nach der Handschrift im StA, Husum.

Taxus] Eibe; diente früher als Weihnachtsbaum.

„Nur die Kindlein gehen ein!] Da Weihnachten im 19. Jahrhundert zum Kinderfest wurde, wählt Storm eine als Zitat eingekleidete Paraphrase auf die Worte Jesu (Matthäus 18,3): „Wenn ihr nicht umkehrt und wie die Kinder werdet, könnt ihr nicht ins Himmelsreich kommen."

Hans Bärlein] Anspielung auf das Märchen „Hans Bär", das Storm Bertha zum Weihnachtsfest 1837 schenkte.

Spielmann] Storm selber, der sich in der Widmung an Bertha als „Spielmann aus der Weiten" bezeichnet.

Zwei Lieder (S. 64)
H: Privatbesitz; vermutlich Anfang 1841.

E: Faksimile der ersten vier Zeilen von Nr. 2 und Abdruck in: Katalog Stargardt Nr. 611 (1977), S. 108.
Hier nach dem Faksimile und nach dem Erstdruck.

Und wenn ich von dir, du süße Gestalt (später unter „Vierzeilen“) (S. 65)
Nachlaß Bertha von Buchan (StA, Husum) mit dem Hinweis *„für dich allein.“* Vermutlich Beilage zum Brief Storms an Bertha vom 31. 1. 1841
E: 1. und 3. Strophe LdF, S. 90; 2. und 4. Strophe R. Johannes Meyer (Hg.): Bertha von Buchan und Theodor Storm. Hamburg 1930, S. 66.
Hier nach der Handschrift.

Und als das Kind geboren ward (später „Frühlingslied“) (S. 66)
H: im Geburtstagsbrief Th. Storms an B. v. Buchan vom 31. 1. 1841 (StA, Husum).
E: (nach einer abweichenden und heute verschollenen Handschrift) Karl Lerbs: Ungedruckte Gedichte Storms. In: Bremer Türmer. Unterhaltungs-Beilage des Bremer Tageblattes vom 6. 1. 1918.
Hier nach der Handschrift im Brief an Bertha.

Meine Maid (später „Junge Liebe“) (S. 67)
H: 1. Entwurf der 1., 2. und 6. Strophe auf der Rückseite des Briefkonzepts Th. Storms an Friederike Scherff vom 22. 3. 1841 (StA, Husum); 2. im Briefentwurf Storms an Th. Rowohl vom 22. 3. 1841, datiert „19. März 1841“ (StA, Husum).
E: LdF, S 84f. (mit der Überschrift „Liebeslaunen“); in geänderter Fassung seit 1852 in den „Gedichten“ (mit der Überschrift „Junge Liebe“).
Hier nach der 2. Handschrift.

„Lebwohl!“ (S. 68)
H: unbekannt.
E: LdF, S. 92.
Storm schreibt in seinen tagebuchartigen Notizen aus dem Jahr 1842 (StA), daß er dem anschließend zitierten Brief an Berta von Buchan, o. D. (Mai 1842) „die beiden Gedichte: ‚Lebwohl‘ v. März 1841 u ‚Und blieb dein Auge immer ohne Thränen‘ v. März 1842“ beigelegt habe.
Hier nach dem Erstdruck.

Auf Münkeberg (S. 68)
H: Einzelblatt mit zwei Fassungen (StA, Husum) mit der Datierung „9. May 1841.“ Storm notiert unter die geänderte Schlußzeile der zweiten Fassung, die zunächst lauten sollte „(Ein reicher Mann zur schönern Heimath kehrt)“: „Dieser Vers ist vielleicht dem im Gedicht stehenden vorzuziehen, weil er das Hauptbild mehr hervorhebt, während er dem noch hinzu kommenden <Gedanken> in den Worten ‚ein reicher Mann‘ in jenem an Kraft verliert. ThWStorm.“
E: (nach der zweiten Fassung) LL 1, S. 216.

Hier nach der Handschrift (2. Fassung).

Münkeberg] Mönkeberg am Ostufer der Kieler Förde war während Storms Studienzeit ein idyllisch gelegenes Dorf mit gleichnamigem Hof.

Sind deine Lippen auch nicht mein (S. 69)
H: MG (Nissenhaus, Husum), S. 93; vermutlich 1841/42 eingetragen; Vierzeiler unter Nr. 106: „Räthsel"; später in das Gedicht „Die Stunde schlug" übernommen.
E: LL 1, S. 220.
Hier nach der Handschrift.

Nicht bin ich stark (S. 69)
H: 1. MG (Nissenhaus, Husum), S. 97; vermutlich Frühjahr 1842 eingetragen; 2. Brief an Constanze vom 1. 4. 1846.
E: LL 1, S. 220 (nach der 2. Handschrift).
Storm teilt seiner Braut mit: „Vor fünf Jahren, daß ich diese Verse für Dich schrieb [...]", obwohl die erste Fassung aus der Zeit seiner Liebe zu Bertha stammt. Hieran kann man sehen, wie er seine Emotionalität von Bertha auf Constanze übertragen hat; vergl. dazu auch „Repos d'amour" und die Anm. LL 1, S. 940.
Hier nach der Handschrift in MG.

Sie haben gestern (S. 69)
H: MG (Nissenhaus, Husum), S. 98; vermutlich 1842 eingetragen.
E: LL 1, S. 221.
Hier nach der Handschrift.

Ein einzig Glück (S. 70)
H: MG (Nissenhaus, Husum), S. 98; vermutlich 1842 eingetragen.
E: LL 1, S. 221.
Hier nach der Handschrift.

Das süße Lächeln starb dir im Gesicht (später: „Begegnung") (S. 70)
H: 1. MG (Nissenhaus, Husum), S. 98; vermutlich 1842 eingetragen; 2. mit der Überschrift „Begegnung" in Storms Handexemplar des LdF eingetragen (SHLB, Kiel); Anlaß für das Gedicht war die Begegnung Storms mit Bertha am 2. April 1842 in der Hamburger Katharinenkirche (vergl. die tagebuchartigen Auszeichnungen, S. 137 f.).
E: Theodor Storm. Werke. Nach der von Theodor Hertel besorgten Ausgabe neu bearbeitet und ergänzt von Fritz Böhme, Bd. 1, Leipzig [1936], S. 211.
Hier nach der Handschrift in MG.

Schlummerlied (später „Hörst du?") (S. 70)
H: 1. MG (Nissenhaus, Husum), S. 97 (1. Strophe): 2. mit der Überschrift

„Schlummerlied" in MG (Nissenhaus, Husum), S. 101; 3. in den tagebuchartigen Aufzeichnungen vom 24. März bis 9. Mai 1842: 3. und 4. Zeile der ersten Strophe (StA, Husum).
E: LdF, S. 86.
Hier nach 1. Handschrift.

Im Nebenzimmer saßen ich und du (später „Dämmerstunde") (S. 71)
H: MG (Nissenhaus, Husum), S. 99; 1842 eingetragen.
E: LdF (1843), S. 89; seit 1852 in den „Gedichten".
Hier nach dem Erstdruck.

Repos d'amour (S. 71)
H: abgeschnittenes oder abgebrochenes Einzelblatt mit den Versen 1–9 (SHLB, Kiel).
E: Lyrisches Album, Beigabe der Zeitschrift Europa, hg. von August Lewald, Karlsruhe 1842, S. 13 f.
Dem geringfügig veränderten Abdruck in LdF hat Storm in seinem Handexemplar wohl im Juni 1846 eine neue letzte Strophe nachgetragen. In einem Brief an seine Braut Constanze vom 18. 6. 1846 spielt er auf die fünfte Strophe an: „Meine süße geliebte reizende Frau, laß Dich küssen, aber lange, ganz lange, bis daß auch Dich, geliebtes Herz, der holde Wahnsinn sanft bezwinget und Deines Lebens zarte Flut unhaltbar mir entgegendringet."
Erstdruck der letzten Fassung: LL 1, S. 217 f.
Hier nach dem Erstdruck.

Repos d'amour] (franz.): Liebesruh.
étude p. Henselt] Storm hat dieses Gedicht einer Konzertetude von Adolph Henselt (1814–1889) unterlegt: „Douze Etudes caractéristiques de Concert pour le Pianoforte, Op. 2, Nr. 4: Duo".

„Und blieb dein Aug'" (später: „Junges Leid") (S. 72)
H: unbekannt.
Storm schreibt in seinen tagebuchartigen Notizen aus dem Jahr 1842 (StA), daß er dem anschließend zitierten Brief an Berta von Buchan, o. D. (Mai 1842) „die beiden Gedichte: ‚Lebewohl' v. März 1841 u ‚Und blieb dein Auge immer ohne Thränen' v. März 1842" beigelegt habe.
E: LdF, S. 94 f.
Hier nach dem Erstdruck.

Du bist so jung (S. 73)
H: Einzelblatt (SHLB, Kiel), eine 4. Strophe durch Wasserschaden gänzlich unlesbar; vom Inhalt her vermutlich aus der Zeit der Trennung von Bertha von Buchan (1842).
E: LL 1, S. 219.
Hier nach der Handschrift.

So muß mich alles, alles mahnen (S. 73)
H: in den tagebuchartigen Aufzeichnungen vom 24. März bis 9. Mai 1842 (StA, Husum).
E: Elmer Otto Wooley: Studies in Theodor Storm, Bloomington 1943, S. 32.
Hier nach der Handschrift.

Das war ein Ton verklungner Freude! (S. 73)
H: 1. in den tagebuchartigen Aufzeichnungen vom 24. März bis 9. Mai 1842 (StA, Husum); 2. in MG (Nissenhaus, Husum), S. 103.
E: Elmer Otto Wooley: Studies in Theodor Storm, Bloomington 1943, S. 33.
Hier nach der 2. Handschrift.

Damendienst (S. 74)
H: MG (Nissenhaus, Husum), S. 114 f., ohne Überschrift, vermutlich im Herbst 1842 eingetragen.
E: LdF (1843), S. 129; seit 1852 in den „Gedichten".
Hier nach dem Erstdruck.

Ich kann dir nichts, dir gar nichts geben (S. 74)
H: MG (Nissenhaus, Husum), S. 99; vermutlich 1842/43 eingetragen.
E: Bernhard Lichtenstein: Über die Gedichte Theodor Storms, Progra. Jägerndorf 1902, S. 14 (nach einer seither verschollenen Sammelhandschrift Storms mit Gedichten von Herbst 1838 bis Herbst 1842).
Hier nach der Handschrift in MG.

Blumenduft vom Nachbarfenster (S. 75)
H: MG (Nissenhaus, Husum), S. 99 in zwei Fassungen (erste Fassung durchgestrichen); vermutlich 1842/43 eingetragen
E: Paul Schütze: Theodor Storm. Berlin 1877, S. 71.
Hier nach der Handschrift in MG (2. Fassung).

Mit Liedern (S. NN)
H: MG (Nissenhaus, Husum), S. 105, sowie ein Entwurf auf S. 100; vermutlich 1842/43 eingetragen. Aus dem Kontext ergibt sich ein Zusammenhang mit Storms Bertha-Erlebnis.
E: LdF, S. 89 (ohne Überschrift).
Hier nach der Handschrift.

Die Julisonne schien auf ihre Locken (S. 75)
H: unbekannt; vermutlich 1842/43 entstanden.
E: Paul Schütze: Theodor Storm. Berlin 1877, S. 71.
Hier nach dem Erstdruck.

Syringen] Flieder.

Liebe und Treue (S. 75)
H: Einzelblatt (SHLB, Kiel); vermutlich 1842 entstanden.
E: LL 1, S. 222.
Hier nach der Handschrift.

Gesteh's, es lebt schon Einer (später: „Gesteh's") (S. 75)
H: Brief Storms an Theodor Mommsen vom 21. 2. 1843 (Deutsche Staatsbibliothek, Berlin); Storm teilt eine vierte Strophe mit, die durch ein darübergesetztes „oder" als Alternative zur dritten gekennzeichnet ist:
Deine Lippen sind entzaubert,
Ich muß dich meiden von dieser Zeit,
Der zweite Kuß von Mädchenlippen
besiegelt keine Ewigkeit.
E: LdF, S. 127 (ohne Variante der letzten Strophe).
Hier nach der Handschrift.

Wir saßen vor der Sonne (S. 76)
H: 1. (von Storm als „Kladde" bezeichnet) in seinem Brief an Theodor Mommsen vom 14. 5. 1843 (Deutsche Staatsbibliothek, Berlin); 2. die Strophen 2, 4 und 5 in MG (Nissenhaus, Husum), S. 116 f. mit Datum „15 Mai 43"; 3. heute verschollene Handschrift in Privatbesitz, datiert auf den 15. 11. 1843.
E: (3. Handschrift): Karl Lerbs: Ungedruckte Gedichte Storms. In: Bremer Türmer. Unterhaltungs-Beilage des Bremer Tageblattes vom 6. 1. 1918; Lerbs teilt einige Varianten mit, darunter zwei Zeilen zur dritten Strophe:
„Und fort warst du gesprungen –
Wie ist mir doch geschehen?"
Hier nach dem Erstdruck mit einer Korrektur in der letzten Zeile der 5. Strophe, die bei Lerbs lautet: „Ich will dich selber (will ich) die Holde."

Und so laßt von dieser Stund (S. 77)
H: in einem undatierten Brief (vom Juli 1843) Storms an Theodor Mommsen ohne Datum (Deutsche Staatsbibliothek Berlin); von Storm für das „Liederbuch dreier Freunde" bestimmt, dort aber nicht gedruckt.
E: Theodor Storms Briefwechsel mit Theodor Mommsen, hg. von Hans-Erich Teitge. Weimar 1966, S. 75.
Hier nach der Handschrift.

Weihnachtsabend (S. 77)
H: unbekannt.
E: LdF, S. 14–16.
Entstanden vor Drucklegung des Liederbuchs dreier Freunde (Herbst 1843); dieses wie die folgenden Gedichte, die Storm in dem gemeinsam mit den Brüdern Mommsen verfaßten Buch veröffentlichte, zeigen Erinnerungen an die gemeinsame Zeit mit Bertha.

Seit 1852 in den „Gedichten".
Hier nach dem Erstdruck.

Dirne mit schwarzen Locken] eine Anspielung auf Bertha von Buchan.
Taxusbaum] die Eibe diente früher als Weihnachtsbaum.

Käuzlein (S. 79)
H: G 1851, Nr. 30.
E: LdF, S. 35; seit 1852 in den „Gedichten".
Das Gedicht wird von der Spannung zwischen Liebes- und Todessehnen geprägt und gehört in die Zeit, in der Storm seine Enttäuschung wegen Berthas Absage verarbeitete.
Hier nach dem Erstdruck.

Kauz] Der Kauz (das Käuzchen) gilt in der Volksüberlieferung als Bote des Todes.
Nachtigall] Die Nachtigall symbolisiert in der Poesie die Liebe.

Du weißt doch, was ein Kuß bekennt? (S. 80)
Wooley schreibt die ersten acht der insgesamt neun Kurzgedichte, die Storm in dem „Liederbuch dreier Freunde" (S. 90–91 ohne Überschrift; nur im Inhaltverzeichnis unter „Vierzeilen" sowie S. 72 und 120) veröffentlicht hat, dem Bertha-Erlebnis zu: „The general tone of bitter pessimism fits Storm's mood after he had lost Bertha." (The Bertha-Poem of Storm. In: Storm and Bertha von Buchan. Blooington 1951, S. 54); das neunte war ebenfalls für das „Liederbuch" bestimmt, ist dort aber nicht aufgenommen worden.
Später hat Storm einen Teil dieser Kurzgedichte unter der Sammelüberschrift „Vierzeilen" in seine „Gedichte" aufgenommen, und zwar „Du weißt doch, was ein Kuß bekennt?", „Und weißt du, warum so trübe" sowie „Es ist die Lieb' ein Wiegenlied" mit der geänderten ersten Zeile „Die Lieb' ist ein Wiegenlied".
H: G 1851, Nr. 24.
E: LdF, S. 72 (unter Theodor Mommsens Namen); seit 1852 in den „Gedichten".
Hier nach dem Erstdruck.

Sakrament] – eine bestimmte, göttliche Gnade vermittlende Handlung in der christlichen Kirche.

Rechenstunde (S. 80)
H: keine Handschrift aus der Entstehungszeit bekannt; Storm trug das Gedicht erst 1851 in seine Sammelhandschrift (G 1851) als Nr. 15 ein.
E: LdF (1843), S. 83; seit 1852 in den „Gedichten".
Hier nach der Erstdruck.

Lebwohl, du süße kleine Fee! (S. 80)
H: mit der Überschrift „Abschied“ in G 1851, Nr. 26.
E: LdF, S. 90.
Hier nach dem Erstdruck.

Eau de Cologne] Kölnischwasser, Duftwasser.

Es ist die Lieb' ein Wiegenlied (S. 81)
H: G 1851, Nr. 26.
E: LdF, S. 90; seit 1852 in den „Gedichten“ (vergl. die Anmerkungen zu „Du weißt doch, was ein Kuß bekennt?“).
Hier nach dem Erstdruck.

Entsündige mich! ich bin voll Schuld (S. 81)
H: unbekannt.
E: LdF, S. 91.
Hier nach dem Erstdruck.

Wer die Liebste sein verloren (S. 81)
H: unbekannt.
E: LdF, S. 91.
Hier nach dem Erstdruck.

Wolken am hohen Himmel (S. 81)
H: unbekannt.
E: LdF, S. 91.
Hier nach dem Erstdruck.

Und wie du meine Lieder (S. 81)
H: unbekannt.
E: LdF, S. 91.
Hier nach dem Erstdruck.

Ich wand ein Sträußlein Morgens früh (später „Nelken“) (S. 82)
H: keine Handschrift bekannt.
E: LdF (1843), S. 108; seit 1852 in den „Gedichten“.
Hier nach dem Erstdruck.

Sie brach ein Reis vom Hochzeitskranz (später „Myrten“) (S. 82)
H: unbekannt.
E: LdF, S. 108; seit 1852 in den „Gedichten“.

ein Reis vom Hochzeitskranz] Der Hochzeitskranz wurde aus Myrten gflochten.
sechzehn Jahre] Bertha von Buchan war sechzehn Jahre alt, als sie Storms Heiratsantrag abwies.

Und weißt du, warum so trübe (S. 82)
H: G 1851, Nr. 25.
E: LdF, S. 120; seit 1852 in den „Gedichten".
Hier nach dem Erstdruck.

Bettlerliebe (S. 83)
H: unbekannt.
E: LdF, S. 124; seit 1852 in den „Gedichten".
Von Wooley wegen der sprachlichen Nähe zu „Du bist so jung" dem Bertha-Erlebnis zugeschrieben.
Hier nach dem Erstdruck.

Traumliebchen (S. 83)
H: unbekannt.
E: LdF, S. 125.
Vermutlich zur Zeit der Loslösung von Bertha entstanden.
Hier nach dem Erstdruck.

blöder] hier: schüchterner.

Mit dem Liederbuche (später zweiter Teil von „Abschied. Mit Liedern 1. und 2.") (S. 84)
H: Von Storm in sein Exemplar des LdF eingetragen (SHLB, Kiel).
E: (mit dem folgenden Gedicht) G1 1852, S. 149 f.
Vergl. dazu die Anmerkungen zu „Zu den Liedern".
Hier nach der Handschrift.

Zu den Liedern (später erster Teil von „Abschied. Mit Liedern 1. und 2.") (S. 84)
H: Von Storm in sein Exemplar des LdF eingetragen (SHLB, Kiel).
E: Mit der Überschrift „Jugendliebe. Mit Liedern:" in: SuL, S. 111., zusammen mit „Mit dem Liederbuche" in: Gedichte 1852, S. 149 f.
Nach E. O. Wooly an Bertha gerichtet. Storm „hatte das Gedicht auf das Vorsatzblatt [eines Exemplars der LdF] geschrieben mit der Widmung: ‚Bertha von Buchan zur Erinnerung. Th. St.' Wir schließen daraus, daß Storm das Gedichtchen schrieb, als er Anfang Dezember 1843 die ersten Exemplare des *Liederbuchs* vom Verlag [...] erhielt. An Weihnachten endeckten Storm und seine Kusine Constanze, daß sie verliebt waren. Er hatte aufgehört, an Bertha zu denken. Mit dem Liederbuch sandte er ihr ein poetisches Lebewohl. In der ersten Ausgabe seiner Gedichte von 1852 schob Storm vor diese eine Strophe eine andere, die vorher unter dem Titel „Jugendliebe. Mit Liedern" erschienen war in Sommergeschichten und Lieder, 1851. Die Sprache dieser ersten Strophe rückt sie näher an andere Berthagedichte: ‚Junge Liebe', ‚All meine Lieder will ich' (28. Oktober 1840), und ‚Junges Leid' (März 1842)." (E. O. Wooley: Ein Beitrag zur Datierung von Theodor Storms Gedichten. In: STSG 7 (1958), S. 42 f.).
Hier nach der Handschrift.

Letztes Blatt (S. 85)
H: G 1840 (StA).
Zur Zeit der Loslösung von Bertha entstanden.
E: LdF, S. 83 (ohne Überschrift).
Hier nach der Handschrift.

Wilde Nacht (S. 85)
H: in Storms Exemplar des LdF (SHLB) vermutlich 1844 nach der Lösung von Bertha eingetragen.
E: LL 1, S. 234.
Hier nach der Handschrift.

Und der er seine junge (später „Lose") (S. 86)
H: Storms Brief an Constanze vom 28 Mai 1844 (SHLB, Kiel) ohne Überschrift sowie in Storms Exemplar des Liederbuchs dreier Freunde (SHLB, Kiel).
E: SuL (1851), S. 37.
Hier nach der Handschrift im Brief an Constanze.
Storm schreibt (Briefe an seine Braut, S. 26 f.): „In dem vierten Vers der ersten Strophe hatte ich erst ‚Und heimlich ihn verlacht'. Dadurch tritt aber die erste Geliebte gegen die eigentliche Person des Gedichts zu sehr hervor, und es kommt Bitterkeit hinein, die eigentlich in dies Gedicht nicht gehört. Ich meine auch, daß sie jetzt nicht darin ist; schreibe mir, wie Du es beim Lesen empfunden hast. [...] Was in dem obigen erlebt ist, brauche ich Dir nicht zu sagen, Du weißt ja alles, und dann der Eindruck Deiner lieben Seele, der ich die unglücklichen Verhältnisse unterlege."
Seit 1852 in den „Gedichten".

Zwischenreich (S. 87)
H: NLb, Blatt 8, 1846/47 eingetragen (SHLB, Kiel); G 1851, Nr. 29.
E: G1 (1852), S. 53 f.
Hier nach der Handschrift in NLb.
Georg Lemcke: Die Frauen im Leben des jungen Theodor Storm, S. 136 ordnet dieses Gedicht Bertha zu. Dies ist vom Inhalt und der Kritik an dem bigotten Verhalten des Mädchens durchaus möglich.

> *gedahlt]* gescherzt, verliebt getändelt.
> *die Tiziansche Venus]* Anspielung auf das Hauptwerk des italienischen Renaissancemalers Tiziano Vecellio (um 1477–1576) „Himmlische und irdische Liebe" (1515), auf dem Maria und Venus dargestellt sind.
> *blaue Märchen]* Die in Frankreich beliebten Feenmärchen wurden als „contes bleus" bezeichnet.
> *Traktätlein und Asceten]* erbauliche Schriften, die zur Buße anleiten.

Hans Bär (S. 88)
H: StA Husum.
E: R. Johannes Meyer: Bertha von Buchan und Theodor Storm, Hamburg 1930. (Privatdruck für den Buchbund in Hamburg), S. 17–38; wieder in: STSG 1 (1952), S. 9–14.
Hier nach der Handschrift mit einigen Ergänzungen in <> sowie folgenden Emendationen:

sich zu fürchten] H: sich zu furchten
zu Wagen angefahren kam,] H: zu Wagen angefahren kamen,
laß uns Frieden schließen] H: laßt uns Frieden schließen
von dem Tode] H: von den Tode

Stellenkommentar:

Keichens] alte Form von „keuchen“
Bauerhof] Kompositum mit „Bauer“ nach niederdeutschem Vorbild ohne „n“.
sahe] bereits zu Storms Zeit altertümlich klingende Form von „sah“.
Muhme] Tante, Mutterschwester, ältere Verwandte, Gevatterin.
herauszufodern] Storm verwendet auch in seinen späteren Schriften immer die alte Nebenform von „fordern“.
Sarraß] Säbel mit schwerer Klinge.

[Entwurf zu „Posthuma“] (S. 98)
Der Text ohne Überschrift wurde wohl im Sommer 1842 in die Sammelhandschrift MG eingetragen. Sieben Jahre später hat Storm den Entwurf zu einer Erzählung erweitert, die er 1851 in dem bei Duncker, Berlin erschienenen Band „Sommergeschichten und Lieder“ veröffentlichte.
H: MG (Nissenhaus, Husum), S. 96.
E: unveröffentlicht.
Hier nach der Handschrift zum ersten Mal gedruckt.

1. [Anfang 1838] o. O., Th. Storm an Th. Rowohl
eigenhändiger Brief, 3 S.
Umschlag: „Ihr. Wohlgeboren/ Fräulein Therese Rowohl./ Dienerreihe/ in/ Hamburg./ *frei*".
H: StA, Husum.
E: Elmer Otto Wooley: Storm and Bertha von Buchan. In: E. O. Wooley: Studies in Theodor Storm. Bloomington (Indiana) 1943, S. 12 f.
D: E. O. Wooley: Storm and Bertha von Buchan. Bloomington 1951, S. 1f.
E. O. Wooley: Storm und Bertha von Buchan. In: Schriften der Theodor-Storm-Gesellschaft 2 (1953), S. 19 f.
Hier nach der Handschrift.

Stellenkommentar

mein Mährlein] „Hans Bär" „Seiner jungen Freundinn Bertha von Buchan gewidmet vom Verfasser".
von Friede] Die Cousine von Storms Mutter, Friederike („Friede") Henriette Alsen (1802–1876) war seit 1826 mit dem Kaufmann Jonas Heinrich Scherff (1798–1882) verheiratet.
nach Berlin] Storm war vom Studentenleben in Kiel sehr enttäuscht; nach zwei Semestern wechselte er die Universität und ging nach Berlin. Aber auch an der Berliner Friedrich-Wilhelm-Universität fand er keinen Freundeskreis, so daß er im Herbst 1839 wieder zurück nach Kiel wechselte. Hier bildete sich in den nächsten Jahren ein Freundeskreis (die „Clique"), dem unter anderen die Brüder Mommsen angehörten, und in dem ein anspruchsvoller Gedankenaustausch stattfand.
Ihre Fräulein Schwester] Jette Rowohl.
Hotel zum König von Dänemark] Hotel in Kiel.

2. 15. 03. 1838 Hamburg, B. v. Buchan an Th. Storm
eigenhändiger Brief, 3 S.
Umschlag: „Sr Wohlgeboren/ Herrn Theodor Storm/ Stud: Jur:/ Ad: Herrn Kupprasch/ Kettenstraße/ Kiel/ frei".
H: StA, Husum.
E: Gertrud Storm: Theodor Storm. Ein Bild seines Lebens. Bd. I: Jugendzeit. Berlin 1912, S. 15 f (auszugsweise).
D: E. O. Wooley: Studies in Theodor Storm. Bloomington 1943, S. 13 f.
E. O. Wooley: Storm and Bertha von Buchan. Bloomington 1951, S. 2 f.
E. O. Wooley: Storm und Bertha von Buchan. In: Schriften der Theodor-Storm-Gesellschaft 2 (1953), S. 20 f.

Hier nach der Handschrift, die durch das abgerissene Siegel einen Textverlust aufweist.

Stellenkommentar

Das hübsche Mährchen] Storms Märchen „Hans Bär".
von dem merkwürdigen Gespenst,] Storm hatte sein Leben lang eine Vorliebe für Gespenstergeschichten, die er gerne in geselligem Kreis erzählte; wie ein solcher Abend ablief, schildert Theodor Fontane in dem Kapitel „Theodor Storm" seiner autobiographsichen Aufzeichnungen „Von Zwanzig bis Dreißig" (Autobiographische Schriften Bd. 2, Berlin 1982, S. 214 f.): „Denselben Abend erzählte er auch Spukgeschichten, was er ganz vorzüglich verstand, weil es immer klang, als würde das, was er vortrug, aus der Ferne von einer leisen Violine begleitet. [...] Er hatte uns nämlich gerade von einem unbewohnten Spukhause erzählt, drin die Nachbarsleute nachts einen Tanz gehört und durch das Schlüsselloch geguckt hatten. Und da hätten sie vier Paar zierliche Füße gesehen mit Schnürstiefeln und nur gerade die Knöchel darüber, und die vier Paar Füße hätten getanzt und mit den Hacken zusammengeschlagen." Vergl. auch: Theodor Storm. Neues Gespensterbuch. Hg. von Karl Ernst Laage. Frankfurt am Main 1991.
Tante Scherff] Friederike („Friede") Henriette Scherff (1802–1876).
Madame Alsen] Lucie Alsen, Mutter von Friederike Scherff, starb am 19. November 1837.

3. 07. 10. 1839 Hamburg, B. v. Buchan an Th. Storm
eigenhändiger Brief, 3 S.
H: StA, Husum.
E: E. O. Wooley: Studies in Theodor Storm. Bloomington 1943, S. 15.
D: E. O. Wooley: Storm and Bertha von Buchan. Bloomington 1951, S. 4.
E. O. Wooley: Storm und Bertha von Buchan. In: Schriften der Theodor-Storm-Gesellschaft 2 (1953), S. 22.
Hier nach der Handschrift.

Stellenkommentar

Deines Briefes] der vorausgehende Brief Storms ist nicht erhalten; er muß sich kurze Zeit, bevor Bertha ihren Brief schrieb, in Hamburg aufgehalten haben.
Tante Scherff] siehe Anmerkung zu Brief 2.
das versprochene Rätsel] vermutlich Storms Rätselgedicht „Tochter der Erde" (vergl. S. 48).
wie das andere] Storms Rätselgedicht „Was schaun die Reckenbilder rings" (vergl. S. 47).
Jette] Jette Rowohl, Thereses Schwester.

4. 11. 08. 1840 Hamburg, Th. Rowohl an Th. Storm
eigenhändiger Brief, 3 S.
Umschlag: „Sr Wohlgeboren/ Herrn Theodor Storm/ Ad: Bäcker Andersen/ in der Flämischen-Strasse/ *Kiel/ frei*"
H: StA, Husum.
E: Elmer Otto Wooley: Storm and Bertha von Buchan. In: E. O. Wooley: Studies in Theodor Storm. Bloomington (Indiana) 1943, S. 17 f.
D: E. O. Wooley: Storm and Bertha von Buchan. Bloomington 1951, S. 6 f.
E. O. Wooley: Storm und Bertha von Buchan. In: Schriften der Theodor-Storm-Gesellschaft 2 (1953), S. 23–25.
Hier nach der Handschrift.

Stellenkommentar

Ihren lieben Brief] der vorausgehende Brief Storms ist nicht erhalten.

trauriges Ereignis] Eine geplante Reise von Therese Rowohl und Bertha von Buchan zu Warnstedts nach Loitmark und zu Storm nach Kiel wurde durch zwei Todesfälle in der befreundeten Familie von Warnstedt verhindert.

Tante Schicht] Lehrerin von Bertha.

die schönen Tage von Aranjuez] Zitat aus Schillers „Don Carlos", dessen erster Akt im königlichen Garten von Aranjuez spielt: „Die schönen Tage in Aranjuez/ Sind nun Zu Ende."

Bei Scherffs] die Kaufmannsfamilie Scherff in Altona.

5. 11. 08. 1840 Hamburg, B. v. Buchan an Th. Storm
eigenhändiger Brief, 3 S.
H: StA, Husum.
E: E. O. Wooley: Studies in Theodor Storm. Bloomington 1943, S. 16.
D: E. O. Wooley: Storm and Bertha von Buchan. Bloomington 1951, S. 5.
E. O. Wooley: Storm und Bertha von Buchan. In: Schriften der Theodor-Storm-Gesellschaft 2 (1953), S. 23.
Hier nach der Handschrift.

Stellenkommentar

mit den lieben Warnstädts] siehe Anmerkung zu Brief 4.

ihr schönes Loitmarck] Gutshof an der Schlei, südlich von Kappeln; die Familie Warnstedt war über mehrere Generationen Pächter des zum Gutsbezirk Schwansen gehörenden Anwesens.

in Deinen Michaelis-Ferien] Die nach dem Tag des Erzengels Michael (29. September) benannten Herbstferien.

die niedlichen Verse] „Nach frohen Stunden"; im Nachlaß Bertha von Buchan befindet sich eine Gedichthandschrift mit der Aufschrift „Theodor. Kiel, den 20sten Juni. 1840. *An Bertha.*"

6. 15.10.1840 Hamburg, B. v. Buchan an Th. Storm
eigenhändiger Brief, 4 S.
H: StA, Husum.
E: E. O. Wooley: Studies in Theodor Storm. Bloomington 1943, S. 18 f.
D: E. O. Wooley: Storm and Bertha von Buchan. Bloomington 1951, S. 7 f.
E. O. Wooley: Storm und Bertha von Buchan. In: Schriften der Theodor-Storm-Gesellschaft 2 (1953), S. 25.
Hier nach der Handschrift.

Stellenkommentar

Jette Jette] Rowohl, Thereses Schwester.
Auf Deinen letzten Brief] der vorausgehende Brief Storms ist nicht erhalten.
Deines Sermons] Sermon bedeutet Rede, Predigt; hier Strafpredigt.
Tante Schicht] Lehrerin von Bertha.

7. 15. 11. 1840 Hamburg, B. v. Buchan an Th. Storm
eigenhändiger Brief, 4 S.
H: StA, Husum.
E: E. O. Wooley: Studies in Theodor Storm. Bloomington 1943, S. 19 f.
D: E. O. Wooley: Storm and Bertha von Buchan. Bloomington 1951, S. 8 f.
E. O. Wooley: Storm und Bertha von Buchan. In: Schriften der Theodor-Storm-Gesellschaft 2 (1953), S. 26.
Hier nach der Handschrift mit folgender Emendation:

für uns haben;] H: für uns gehaben;

Stellenkommentar

die treue und hübsche Ausführung] Im Nachlaß Bertha von Buchans befinden sich die Reinschrift der „Polterabendszene", die Storm, diesem Brief zufolge, auf Wunsch Therese Rowohls für eine Hochzeit in deren Familie oder Freundeskreis geschrieben hat.
wo das „Eia popeia" drin vorkommt,] Der Bube in Storms „Polterabendszene" sagte dem Bräutigam unter anderem mit den Vers „Und ‚Eia popeia, so schlafe, mein Kind!'" voraus, daß die Ehe durch Nachwuchs gesegnet sein werde. Diese Anspielung erschien Therese Rowohl unschicklich.
Eduard Ahl] nicht ermittelt.
Tante Scherff] siehe Anmerkung zu Brief 2.
des Bairischen Liedes] nicht ermittelt.
Deinem Papa] Johann Casimir Storm (1790–1874).

8. 31. 12. 1840 Hamburg, B. v. Buchan an Th. Storm
eigenhändiger Brief, 3 S.

H: StA, Husum.
E: E. O. Wooly: Studies in Theodor Storm. Bloomington 1943, S. 20 f.
D: E. O. Wooley: Storm and Bertha von Buchan. Bloomington 1951, S. 9f.
E. O. Wooley: Storm und Bertha von Buchan. In: Schriften der Theodor-Storm-Gesellschaft 2 (1953), S. 27 f.
Hier nach der Handschrift mit folgender Emendation:
ausgesprochen,] H: ausgesprochen habe,

Stellenkommentar

Deine freundlichen Gabe] Im Nachlaß Bertha von Buchans befindet sich eine Handschrift des Gedichts „Weihnachtsgruß" mit der Widmung „von/ Dem Spielmann aus der Weiten/ an/ Das Mädchen groß und schlank,/ Das er durch die Macht der Saiten/ Rückwärts in die Kindheit sang." und dem Datum „Kiel, im Decembr. 1840."
Tante Scherff] siehe Anmerkung zu Brief 2.
den Hebel] Johann Peter Hebel: Alemannische Gedichte für Freunde ländlicher Natur und Sitten. Zuerst erschienen: Karlsruhe 1803.
Dein Weihnachtsgruß] Storms Gedicht „Weihnachtsgruß".
wovon Du hier eine Probe erhälst; Vergl. Abb. 4.
Deine Dichtung am Polterabend] Storms „Polterabendszene".
Die vier Elemente] nach alter Vorstellung sind alle Stoffe aus den Elementen Feuer, Wasser, Luft und Erde zusammengesetzt; in kleinen Szenen stellte man solche Elementarkräfte allegorisch (hier durch entsprechend gekleidete Personen) dar.
Deinen vorletzten Brief] Der Brief Storms ist nicht erhalten.
die darin eingelegten Verse] möglicherweise die Gedichte „Schweig stille mein Herze!" und „Was man wohl öfters fragen könnte" (später „Frage").
Lampenbricken] Holzscheibe, an deren Haken Dochte befestigt wurden, die man zur Kerzenherstellung in Wachs oder ähnliches brennbares Material tauchte.

9. 31. 01. 1841 Kiel, Th. Storm an B. v. Buchan
eigenhändiger Brief, 8 S.
Umschlag: „Fräulein Bertha von Buchan./ Adr. Frl. Rowohl./ Hamburg./ Dienerreihe./ frei."
Beilage mit dem Gedicht „Und wenn ich von dir, du süße Gestalt" mit dem Hinweis *„für dich allein."*
H: StA, Husum.
E: R. Johannes Meyer: Bertha von Buchan und Theodor Storm. Hamburg 1930, S. 55–65.
D: E. O. Wooley: Storm and Bertha von Buchan. Bloomington 1951, S. 10–14.
E. O. Wooley: Storm und Bertha von Buchan. In: Schriften der Theodor-Storm-Gesellschaft 2 (1953), S. 28–31.

Enthält auf der ersten Seite das Gedicht „Und als das Kind geboren ward" (später: „Frühlingslied"); D: Abdrucke ohne vorangestelltes Gedicht. Hier nach der Handschrift ebenfalls ohne das Gedicht, das in der Fassung dieser Handschrift unter den anderen Gedichten abgedruckt wird.

Stellenkommentar

Geburtstagscarmen] Das Geburtstagsgedicht an Bertha beginnt mit den Versen: „Und als das Kind geboren ward,
Von dem ich heute singe".

mit goldenen Äpfeln, Eiern,] Der selbstgebastelte Baumschmuck wurde mit Goldbronze und hauchfeinen Messingplättchen („Schaumgold") verziert.

Netzen] Feine Netze wurden aus gefaltetem Papier geschnitten und dienten zum Aufhängen von farbig eingewickelten Süßigkeiten.

Königsspruch] Die Bedingung für die Wahl des dänischen Königs Christian I. zum Landesherrn von Schleswig und Holstein war die Zusicherung (1460), daß beide für immer zusammenbleiben sollten.

„wi laven [...] ungedeelt!"] niederdeutsch: „Wir versprechen, daß Schleswig und Holstein ewig ungeteilt zusammenbleiben."

Vers aus einem alten Studentenliede:] nicht ermittelt.

Engel knieten an der Schwelle] Storm zitiert die zweite Strophe seines Gedichts „Weihnachtsgruß" (vergl. S. 62).

wir sechs Husumer] Storm und ein Kreis seiner Komilitonen an der Kieler Universität.

Chamissos Gedichte] Die Gedichte Adelbert von Chamissos (1781–1838) waren erstmals 1831 erschienen.

Johann Heinrich Voß's] Johann Heinrich Voß (1751–1826), Theologe und Altertumswissenschaftler, Herausgeber des „Göttinger Musenalmanachs".

„Des Jahres letzte Stunde ertönt mit ernstem Schlag"] Anfangsverse des „Neujahrslied" von Joh. H. Voß.

vorsingen müssen] Storm verfügte über eine gute Tenor-Stimme und sang gerne Lieder nach Gedichten, zu denen er sich auch selber am Klavier begleitete.

Des bekannten Violoncellisten Kellermann] Christian Kellermann (1815–1866), dänischer Cellist, einer der berühmten Instrumentalisten seiner Zeit.

beim Etatsrat Nissen] Jürgen Nissen (1793–1842), Oberappellationsgerichtsrat in Kiel.

meines Philisters] mit „Philister" bezeichneten Studenten im 19. Jahrhundert in abschätziger Weise einen kleinbürgerlichen Menschen, einen Spießbürger. Hier ist Storms Wirt gemeint, der Bäckermeister Andersen in Kiel.

Pfeffernüsse] ein in Schleswig-Holstein sehr verbreitetes Weihnachtsgebäck.

„Wat segst du nu ock?"] niederdeutsch: „Wie sagt man?"
mein Polterabendgedicht] Storms „Polterabendszene".
die „Elemente"] Text für die allegorische Aufführung beim Polterabend, von der Bertha in ihrem Brief vom 31. 12. 1840 berichtet.

10. 14. 03. 1841 Hamburg, B. v. Buchan an Th. Storm
eigenhändiger Brief, 4 S.
H: StA, Husum.
E: E. O. Wooley: Studies in Theodor Storm. Bloomington 1943, S. 22 f.
D: E. O. Wooley: Storm and Bertha von Buchan. Bloomington 1951, S. 14 f.
E. O. Wooley: Storm und Bertha von Buchan. In: Schriften der Theodor-Storm-Gesellschaft 2 (1953), S. 31–33
Hier nach der Handschrift.

Stellenkommentar

Deine liebe Geburtstagsgabe] das Geburtstagsgedicht „Und als das Kind geboren ward".
Das Gedicht von Chamisso] Storm hatte Bertha in seinem Brief vom 31. 1. 1841 das Chamisso-Gedicht „Der Kranke (Nach Millevoye)" mitgeteilt.
das von der alten toten Großmutter] Chamissos Gedicht „Die Großmutter (Nach Victor Hugo)".
Scherffs] die Kaufmannsfamilie Scherff in Altona.
Herr Zinke] Ein Gehilfe des Kaufmanns Jonas Heinrich Scherff.

11. [März 1841 Kiel], Th. Storm an Friederike Scherff
eigenhändiges Brieffragment (Entwurf?) 1 S.
H: StA, Husum.
E: Elmer Otto Wooley: Storm and Bertha von Buchan. In: E. O. Wooley: Studies in Theodor Storm. Bloomington (Indiana) 1943, S. 23 f.
D: E. O. Wooley: Storm and Bertha von Buchan. Bloomington 1951, S. 16.
E. O. Wooley: Storm und Bertha von Buchan. In: Schriften der Theodor-Storm-Gesellschaft 2 (1953), S. 33 f.
Hier nach der Handschrift mit folgender Emendation:

dem Kinde einmal] H: danach gestrichen: „auf meinen Wunsch"

Stellenkommentar

ganz so wie das Bild] Berthas Kinderbild, die Miniatur von E. Kister vom Mai 1833 (vergl. Abb. 2).
als ich nach Lübeck zurückkam] Storm besuchte damals noch das Katharineum in Lübeck.
„Lockenköpfchen"] Storms Gedicht, siehe S. 33.

12. 22. 03. 1841 o. O., Th. Storm an Th. Rowohl
eigenhändiger Briefentwurf.
H: StA, Husum, zusammen mit einem Briefentwurf Storms an Friederike Scherff vom 22. 3. 1841 und der Gedichthandschrift „Meine Maid" (später: „Junge Liebe"); unter dem Entwurf für den Brief an Therese notiert Storm: „Als Einlage ein nichtssagender Brief ab Bertha, der sich aber anfängt: Mein gnädiges Fräulein". Der letzte Satz wurde von Storm wieder gestrichen, statt dessen schreibt er darunter: „Meine gute Bertha."
E: Elmer Otto Wooley: Storm and Bertha von Buchan. In: E. O. Wooley: Studies in Theodor Storm. Bloomington (Indiana) 1943, S. 27.
D: E. O. Wooley: Storm and Bertha von Buchan. Bloomington 1951, S. 18 f.
E. O. Wooley: Storm und Bertha von Buchan. In: Schriften der Theodor-Storm-Gesellschaft 2 (1953), S. 36.
Hier nach der Handschrift mit folgenden Emendationen:

nicht Alles so ist] H: danach gestrichen: „wie ich es wünsche und"
so lange unbeantwortet blieben.] H: danach gestrichen: „Ich fühle sehr wohl die Demonstration in diesem Schweigen wenn. Ich glaube eine Demonstration darin finden zu müssen."

Stellenkommentar

Seit Berthas letztem Brief] siehe Brief 10.

13. 22. 03. 1841 o. O., Th. Storm an Friederike Scherff
eigenhändiger Briefentwurf, 1 S.
H: StA, Husum; zusammen mit einem Briefentwurf Storms an Therese Rowohl vom 22. 3. 1841 und der Gedichthandschrift „Meine Maid" (später: „Junge Liebe").
E: Elmer Otto Wooley: Storm and Bertha von Buchan. In: E. O. Wooley: Studies in Theodor Storm. Bloomington 1943, S. 24–26.
D: E. O. Wooley: Storm and Bertha von Buchan. Bloomington 1951, S. 16–18.
E. O. Wooley: Storm und Bertha von Buchan. In: Schriften der Theodor-Storm-Gesellschaft 2 (1953), S. 34–36.
Hier nach der Handschrift; die vielen Abkürzungen wurden im Interesse der Lesbarkeit aufgelöst.

Stellenkommentar

für Deinen langen ernsten Brief] der vorausgegangene Brief von Friederike Scherff ist nicht erhalten.
„Du sollst Vater und Mutter verlassen!"] 1. Mose 2, 24.

14. 03. 04. 1841 Hamburg, Th. Rowohl an Th. Storm
eigenhändiger Brief, 4 S.

H: StA, Husum.
E: Elmer Otto Wooley: Storm and Bertha von Buchan. In: E. O. Wooley: Studies in Theodor Storm. Bloomington (Indiana) 1943, S. 27–29.
D: E. O. Wooley: Storm and Bertha von Buchan. Bloomington 1951, S. 19–21.
E. O. Wooley: Storm und Bertha von Buchan. In: Schriften der Theodor-Storm-Gesellschaft 2 (1953), S. 36–38.
Hier nach der Handschrift; die vielen Abkürzungen wurden im Interesse der Lesbarkeit aufgelöst.

Stellenkommentar

mein letzter Brief] der vorausgegangene Brief von Therese Rowohl ist nicht erhalten.
Ihr Brief vom 28. vorigen Monats] der erwähnte Brief von Storm ist nicht erhalten.
ein Zettelchen] nach Wooley, STSG 2(1953), S. 27, hatte Storm Bertha bei seinem Abschied im Herbst 1840 einen Zettel zugesteckt mit der Bitte, als Antwort im nächsten Brief ein gewisses Wort zu unterstreichen. Bertha unterstrich in ihrem Brief vom 15. November 1850 die Worte *„Deine Bertha."*
ein kleines allerliebstes Gedicht] „Und wenn ich von dir, du süße Gestalt" mit dem Hinweis *„für dich allein."* als Beilage zum Brief Storms an Bertha vom 31. 1. 1841.
die alemannischen Gedichte] Johann Peter Hebel: Alemannische Gedichte (siehe Anmerkungen zu Brief 8).
Ihr Weihnachtslied] Storms Gedicht „Weihnachtsgruß".
Ihre Geburtstags-Gabe] Storms Gedicht „Und als das Kind geboren ward".

15. o. D. o. O., Th. Storm an Th. Rowohl
eigenhändiger Briefentwurf, 1 S.
H: StA, Husum.
E: Elmer Otto Wooley: Storm and Bertha von Buchan. In: E. O. Wooley: Studies in Theodor Storm. Bloomington (Indiana) 1943, S. 30.
D: E. O. Wooley: Storm and Bertha von Buchan. Bloomington 1951, S. 21 f.
E. O. Wooley: Storm und Bertha von Buchan. In: Schriften der Theodor-Storm-Gesellschaft 2 (1953), S. 38 f.
Hier nach der Handschrift mit folgenden Emendationen:

bleiben zwischen uns.] H: danach gestrichen: „und sollte mich seitab das Leben führen. Lassen Sie mich immer bei Ihrer milden Weiblichkeit einen Rückhalt suchen dürfen."
sond<ern> ungerecht macht] H: danach gestrichen: „wenn Sie diesen Brief erhalten"
so wenig Ehre machen wie meinem Herzen] H: danach gestrichen: „und

dieß allein könnte, selbst wenn das Mädchen, das ich liebe, mich verschmähte, allein verletzt werden."
ein gegenseitig Ruhen im Gemüt] H: danach gestrichen: „Sie selbst entwickelt sich aus dessen tiefsten Wesen;"

Stellenkommentar

Ihr vorletzter Brief] diese Brief von Therese Rowohl ist nicht erhalten.
Fata morgana] durch Luftspiegelung hervorgerufene Sinnestäuschung; hier im Sinne von „Einbildung".

16. 24. März bis 9. Mai 1842; tagebuchartige Aufzeichnungen Storms
H: StA, Husum.
E: Elmer Otto Wooley: Storm and Bertha von Buchan. In: E. O. Wooley: Studies in Theodor Storm. Bloomington (Indiana) 1943, S. 31–35.
D: E. O. Wooley: Storm and Bertha von Buchan. Bloomington 1951, S. 23–25.
E. O. Wooley: Storm und Bertha von Buchan. In: Schriften der Theodor-Storm-Gesellschaft 2 (1953), S. 39–42.
In: LL 4, S. 491–501.
Hier nach der Handschrift.

Stellenkommentar

sie selbst noch einmal sehen] Storm reiste in den Osterferien 1842 von Kiel aus nach Altona, ohne die Familien Scherff oder Bertha und ihre Mutter davon zu unterrichten. Er wohnte bei den Eltern seines Studienfreundes Guido Noodt.
Guido] Guido Noodt (geb. 1820) studierte Theologie und Philologie in Kiel.
der alten Schicht] Lehrerin von Bertha.
einen Brief] der Brief an Bertha ist nicht erhalten.
ein Andachtsbuch] ein Erbauungs- oder Gebetbuch.
in welcher Kirche sie konfirmirt sei] Bertha wurde, obwohl sie aus einer katholischen Familie stammte, von Therese Rowohl streng im protestantischen Glauben erzogen. Sie gehörten der evangelischen Gemeinde im Herzen Hamburgs an.
wollte ich keine Verwandten sehen] Bei den übrigen Besuchen in Altona übernachtete Storm immer bei den Scherffs.
den Bedienten meines Vetters] Gemeint ist Jonas Heinrich Scherff; mit „Vetter" bezeichnete man ursprünglich nicht nur den Cousin, sondern auch entferntere männliche Verwandte.
am Altonaer Posthause] Da die selbständige Stadt Altona auf holsteinischem Gebiet lag, hatte sie eine wichtige Funktion für den Personen-, Güter- und Nachrichtenaustausch zwischen Dänemark und Deutschland.

nach dem Wall] Alter und Neuer Wall sind Straßen in der Hamburger Altstadt.
der <Textlücke>Kirche] Storm meint wohl die Katharinenkirche.
wir sahen uns an [...]] Situation, die Storm zu seinem Gedicht „Das süße Lächeln starb dir im Gesicht" (vergl. S. 70) angeregt hat.
des Doctors] Doktor med. Georg Phlipp Emil Kirchner (1811–1876), seit 1837 Privatdozent in Kiel, später Professor für Pharmakologie. Emil Kirchner und Guido Noodt waren Vettern.
So muß mich alles, alles mahnen] Gedicht Storms (vergl. S. 73).
Am zweiten Ostersonntag] der Ostermontag (21. März 1942).
Kathrinkirche] Die evangelische Hauptkirche St. Katharinen liegt unmittelbar nördlich des Binnenhafens in der Nähe von Berthas Wohnung.
als wir aufs Chor] auf die Chorempore („Chor" hier als Neutrum).
bei der Mad<ame> Nolte] Mit „Madame" bezeichnete man die verheiratete Frau; an seinen Sohn Karl schrieb Storm am 13. 6. 1876 (Briefe an die Kinder, S. 165 f.) : „Der geborenen Nolte konnte ich mich gar nicht entsinnen. Da<,> mit einmal aus dem Dunste der Vergangenheit stieg das Bild vor mir auf. Als alter Kieler Student besuchte ich einmal mit Profes<sor> Kircher, damals junger Privatdozent, dessen Eltern in Altona. Bei der Gelegenheit waren wir in Hamburg bei einer Familie Nolte, auch einen Abend, wo ein etwas blasses geistig sehr angeregtes hübsches Mädchen von 8–10 Jahren mich sehr interessirte; ich entsinne mich, daß ich ihr Hebels Gedichte vorlas u<nd> daß sie bei mir stand und mich mit schönen lebhaften Augen ansah; auch, daß wenigstens Kirchner (und zwar die Figaro-Arie aus dem Barbier [von Sevilla]) sang; ob die Kinder diesen Gesang von ihrer Schlafstube aus mit „Mulapen" [Maulaffen] begleiteten, weiß ich nicht mehr. Wohl aber weiß ich, daß ich derzeit noch oft nachher des anmuthigen Kindes habe gedenken müssen."
alemannische Gedichte] von Johann Peter Hebel (1803).
Das war ein Ton verklungener Freude] Gedicht von Storm (vergl. S. 73).
„Lebwohl"] Gedicht von Storm (vergl. S. 80).
„Und blieb dein Aug' immer ohne Tränen"] Gedicht von Storm (vergl. S. 72).
Wie rasch mich die Rosse auch vorwärtstragen] diese drei Zeilen könnten im Zusammenhang mit einem nie fertiggestellten Gedichtentwurf niedergeschrieben worden sein, den Storm mit dem Titel „Morgendämmerung" in seine Sammelhandschrift MG notierte (S. 109):

> Noch liegt die Nacht, doch kalt schon weht
> Von Osten her die Morgenluft<;>
> Die Gäule schnauben auf vom Schlaf
> Und wiehern durch den Nebelduft<.>

Hamburgs Schicksal] Vom 5. bis 8. Mai 1842 brannte ein Großteil der Hamburger Altstadt nieder; über tausendsiebenhundert Wohnhäuser mit mehr als viertausend Wohnungen, hundert Speicher, das Rathaus und sieben Kirchen wurden zerstört; 51 Menschen kamen ums Leben.

requiriert] für militärische Zwecke beschlagnahmen, hier „einberufen".

Sprützen] alte Form von „Spritzen".

Ladungen von Brod sind hingeschickt] Schon kurz nach Bekanntwerden der Katastrophe kamen Hilfslieferungen nach Hamburg, darunter 20000 Brote aus Berlin.

Antwort] siehe Brief 19.

Schlafe du!] Gedicht von Storm (vergl. S. 70).

17. [nach 02. 04. 1842, o. O.], Th. Storm an B. v. Buchan
e. Abschrift, 1/2 S.
H: StA, Husum; Abschrift von Th. Storm in sein Tagebuch
E: Gertrud Storm: Theodor Storm. Ein Bild seines Lebens. Bd. I: Jugendzeit. Berlin 1912, S. 153 (ungenau).
D: E. O. Wooley: Studies in Theodor Storm. Bloomington 1943, S. 34.
E. O. Wooley: Storm and Bertha von Buchan. Bloomington 1951, S. 24.
E. O. Wooley: Storm und Bertha von Buchan. In: Schriften der Theodor-Storm-Gesellschaft 2 (1953), S. 41 f.
Hier nach der Handschrift.

Stellenkommentar

in der Kirche] In der Katharinenkirche.

Einliegende Gedichte] Storms Gedichte „Lebwohl!" (vergl. S. 68) und „Und blieb dein Aug' immer ohne Tränen" (vergl. S. 72).

18. Juni/August 1842; tagebuchartige Notizen Storms
H: MG, S. 104–109.
E: LL 4, S. 502–504.
Hier nach der Handschrift unter Einfügung eines Textes (MG, S. 105), der von D. Lohmeier nicht gedruckt wurde, wohl weil Storm ihn durchgestrichen hat („Ihm ist vor vielen Jahren [...] geliebt hat er nicht wieder.").

Stellenkommentar

Die Liebeslieder der Minnesänger] Höfische Lyrik des Hochmittelalters (12.–14. Jahrhundert).

die Schlesischen Dichterschule] ältere Bezeichnung für die heute unter dem Begriff „Barock" bekannte literarische Epoche der deutschen Literatur des 17. Jahrhunderts; Schlesien spielte für diese Literatur durch den in Bunzlau (Schlesien) geborenen Martin Opitz eine bedeutende Rolle.

Die Gleimschen Liebeslieder] Johann Wilhelm Ludwig Gleim

(1719–1803) gilt als führender Vertreter der anakreontischen Dichtung in Deutschland, die sich Storm bei seinen ersten lyrischen Versuchen als Vorbild wählte.
wo Göthe anfing zu dichten,] Goethe begann um 1765 im Geiste des Rokkoko zu dichten, fand aber bald zu einer eigenständigen erlebnishaften Lyrik (Sturm und Drang).
in dieser Nacht steht ein Mann] gemeint ist Johann Christian Günther (1695–1723), dessen Gedichte noch dem Barock verpflichtet sind, der aber bereits durch die lyrische Gestaltung persönlichen Erlebens auf den Sturm und Drang vorausweist.
Mein Pilger lies geschwind] Storm zitiert aus dem Gedicht „Als er unverhofft von etlichen Gönnern aus Breßlau favorable Briefe erhielt", das sich Günther als Grabinschrift wählte.
auf der kleinen Elbstube] in der Wohnung der Familie Scherff in Altona.
wo sie mit ihrer Mutter] Bertha und Therese Rowohl besuchten die Familie Scherff.
Lehnstuhl der gestorbenen Großtante] Lucie Alsen, Mutter von Friederike Scherff, starb am 19. November 1837.
Repositorium] Bücherregal.
die Großmutter] Magdalena Woldsen, geborene Feddersen, war die Schwägerin von Lucie Alsen. Storm hat seiner Großmutter mehrfach dankbar gedacht, da er von ihr häufig Geschichten aus alter Zeit erzählt bekam.
Ihm ist vor vielen Jahren] Storm verarbeitet seine Trennung von Bertha hier symbolisch, indem er einen Erzählentwurf formuliert, der im Zusammenhang mit dem Entwurf zur späteren Erzählung „Posthuma" gesehen werden muß (vergl. S. 98).
interregnum] Übergangszeit zwischen den Regierungsperioden zweier Herrscher.
Dienerreihe] Die Wohnung von Bertha und den Schwestern Rowohl lag in der Dienerreihe auf der Elbinsel Grasbrook, zwischen Dovenfleet und Brooktorkai, südlich des Zollkanals.
Fried<rich> Hebbel, Gedichte] Der erste Gedichtband von Friedrich Hebbel (1813–1863) erschien 1842 in Hamburg. Ein entsprechender Band stand in Storms Bibliothek.
Vater unser] Vater unser. Ballade von Hebbel. 1839.
Unterm Apfelbaum] Unterm Baum, Gedicht von Hebbel. 1840.
Das Scharfsinnige – mater, virgo] Virgo et mater. In diesem Gedicht Hebbels werden beide Aspekte der Frau thematisiert. Ein schwangeres Mädchen, die vor dem Andachtsbild der Madonna kniet, weiß, daß die Jungfrau ihr nicht verzeihen kann, wohl aber die Mutter.
Judith] Friedrich Hebbel: Judith. Eine Tragödie in fünf Acten. Hamburg 1841. Diese erste Buchveröffentlichung Hebbels stand in Storms Bibliothek.
abkanzelt] heftig getadelt; hier: öffentlich als Verlobte verkündet;

Storm könnte an beide Bedeutungen gedacht haben.

19. 09. 05. 1842 Altona, Friederike Scherff an Th. Storm
eigenhändiger Brief, $2^1/_4$ S.
Umschlag: „Herrn/ Theodor Storm/ stud: jur:/ in/ *Kiel*/ Add: Becker Andersen/ Flämische Strasse".
H: StA, Husum.
E: unveröffentlicht.
Hier zum ersten Mal gedruckt.

Stellenkommentar

unsre arme Nachbarstadt] das durch die Brandkatastrophe vom Mai 1842 zerstörte Hamburg.
Rowohls] Die Schwestern Therese und Jette Rowohl.
der *Wind stand günstig*] Während des Brandes herrschte starker Westwind, deshalb war die südlich des Zollhafens gelegene Elbinsel mit der Dienerreihe, wo Bertha und die Schwestern Rowohl wohnten, nicht vom großen Brand betroffen.
Schichten] Lehrerin Berthas.

20. 20. 10. 1842 Hamburg, B. v. Buchan an Th. Storm
eigenhändiger Brief, 3 S.
H: StA, Husum.
E: E. O. Wooley: Studies in Theodor Storm. Bloomington 1943, S. 35 f.
D: E. O. Wooley: Storm and Bertha von Buchan. Bloomington 1951, S. 25–27.
E. O. Wooley: Storm und Bertha von Buchan. In: Schriften der Theodor-Storm-Gesellschaft 2 (1953), S. 43 f.
Hier nach der Handschrift.

Stellenkommentar

Deine Handschrift] Storms Brief an Bertha vom Oktober 1842 ist ebenso wie die Beilage an Therese Rowohl verschollen.

Pastor Wolters] Otto Ludwig Sigismund W. (1796–1874), Dr. theol., seit 1823 Diakonus an St. Katharinen in Hamburg.
ein gutes Examen] Storm legte sein juristisches Abschlußexamen am 17. Oktober 1842 vor dem Königlichen Oberappellationsgericht in Kiel ab.

21. 21. 10. 1842 Hamburg, Th. Rowohl an Th. Storm
eigenhändiger Brief, 3 S.
Umschlag: „Herrn Theodor Storm/ Ad: Bäcker Andersen/ Flämischen Strasse./ *Kiel/ frei*".
H: StA, Husum.
E: Elmer Otto Wooley: Storm and Bertha von Buchan. In: E. O. Wooley:

Studies in Theodor Storm. Bloomington (Indiana) 1943, S. 36–38.
D: E. O. Wooley: Storm and Bertha von Buchan. Bloomington 1951, S. 27 f.
E. O. Wooley: Storm und Bertha von Buchan. In: Schriften der Theodor-Storm-Gesellschaft 2 (1953), S. 44 f.
Hier nach der Handschrift.

Stellenkommentar

meine Einlage] Im Oktober 1842 schrieb Storm einen Brief an Bertha und legte einen Brief an Therese Rowohl bei; beide sind nicht erhalten.
Ihre Bitte und Anfrage] Storm hatte Bertha um ihre Hand gebeten und gegenüber der Pflegemutter die Bitte um Unterstützung und Zustimmung ausgesprochen.
von Ihrem Vetter Stuhr] Friedrich Gustav Stuhr (1813–1880), Kaufmann in Friedrichstadt. Die Mütter von Fritz Stuhr und Theodor Storm waren Schwestern.

22. 26. 10. 1842 Hamburg, Th. Rowohl an Th. Storm
H: unbekannt.
E: Elmer Otto Wooley: Storm and Bertha von Buchan. In: E. O. Wooley: Studies in Theodor Storm. Bloomington (Indiana) 1943, S. 38 (Auszug).
D: E. O. Wooley: Storm and Bertha von Buchan. Bloomington 1951, S. 28 f.
E. O. Wooley: Storm und Bertha von Buchan. In: Schriften der Theodor-Storm-Gesellschaft 2 (1953), S. 45.
Hier nach dem Druck bei Wooley.

23. November 1842 o. O., Th. Storm an Th. Rowohl
H: unbekannt.
E: Gertrud Storm zitiert aus dem ihr vorliegenden Brief ohne nähere Angaben; Theodor Storm. Ein Bild seines Lebens. Jugendzeit, S. 155.
Hier nach dem Druck bei Gertrud Storm.

24. 15. 09. 1843 Hamburg, Th. Rowohl an Th. Storm
eigenhändiger Brief, 2 S.
Umschlag: „Sr Wohlgeboren/ dem Herrn Theodor Storm./ *Husum/ frei*".
H: StA, Husum
E: Elmer Otto Wooley: Storm and Bertha von Buchan. In: E. O. Wooley: Studies in Theodor Storm. Bloomington (Indiana) 1943, S. 39.
D: E. O. Wooley: Storm and Bertha von Buchan. Bloomington 1951, S. 29.
E. O. Wooley: Storm und Bertha von Buchan. In: Schriften der Theodor-Storm-Gesellschaft 2 (1953), S. 46.
In allen drei Veröffentlichungen fehlt der zweite Absatz des Briefes.
Hier (zum ersten Mal vollständig) nach der Handschrift.

für Bertha eingesandten Lieder] Storm schickte auch später noch Gedicht an Bertha von Buchan; in ihrem Nachlaß fanden sich aus späterer Zeit:
„Abschied“ („Kein Wort, auch nicht das kleinste kann ich sagen,“) 10 Strophen à 4 Zeilen mit der Unterschrift „Th. St.“
„Neujahrstag 1851“ („Sie halten Siegesfest, sie ziehen die Stadt entlang,“), 5 Zeilen.
„Schleswig Holsteinische Gräber“ („Nicht Kranz noch Kreuz; das Unkraut wuchert tief!“), 9 Strophen à 4 Zeilen; 2 Abschriften nach dem Erstdruck, nicht von Storms Hand, die zweite mit der Unterschrift: „Heiligenstadt 2 December 63.“
„Im Herbste 1850“ („Und schauen auch von Thurm und Thore“); ohne den späteren Titel: 9 Strophen à 4 Zeilen.
Gedichthandschriften aus dem Nachlaß Bertha von Buchans
„Gräber an der Küste“ („Mit Kränzen haben wir das Grab geschmückt,“), 12 Strophen à 4 Zeilen.
„Ich hab ein töricht Herze“, 2 Strophen à 4 Zeilen
„Epilog eines Märchens“ („Ich hab' es mir zum Trost ersonnen“), 5 Strophen à 4 Zeilen mit der Unterschrift „ThSt.“
„Schlimmes Lieben“ („Sie saßen sich gegenüber lang“), 19 Strophen à 4 Zeilen mit der Unterschrift „ThSt.“
„Westermühlen“ (Entwurf), 39 Zeilen mit der Unterschrift „Theodor“.
Das Duett] Storm schrieb insgesamt vier Kompositionen zu Gedichten, von denen nur zwei erhalten sind.
Ihre Tante Elsabe] Elsabe Esmarch, geb. Woldsen (1795–1827), Schwester von Theodor Storms Mutter und seine spätere Schwiegermutter.
Guste Krogh] Auguste von Krogh war die Tochter des Amtmanns Hans Ernst Godske von Krogh, der seit 1826 als Amtmann in Husum wirkte.
Prima Donna] Guste von Krogh sang in den Jahren 1843/44 als Solistin in dem Singverein, den Storm 1843 in Husum gegründet hatte.
in Ihrem Singverein] Storm gründete im Frühjahr 1843 einen Gesangverein für gemischten Chor, der nach Storms Tod im Jahre 1888 in „Theodor Storms Gesangverein“ umbenannt wurde. Er besteht bis auf den heutigen Tag unter dem Namen „Theodor Storms Chor von 1843“.